씨앗은 우주다

우장춘

새시대 큰인물 **36**

씨앗은 우주다

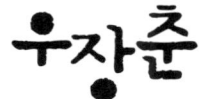

초판 1쇄 | 2006년 12월 15일

글쓴이 | 오민석
그린이 | 경혜원
발행인 | 최동욱
총편집인 | 이헌상
편집책임 | 김민경
교정·교열 | 신윤덕
디자인 | 최현숙

펴낸곳 | 랜덤하우스코리아(주)
주소 | 135-525 서울시 강남구 삼성동 159 오크우드호텔 별관 B2
전화 | 02-3466-8858(내용문의), 3466-8955(구입문의)
등록 | 2004년 1월 15일 제2-3726호

ISBN 89-5986-374-2 74990
　　　89-5986-338-6(세트)

값 8,000원

씨앗은 우주다

우장춘

오민석 글 | 경혜원 그림

주니어랜덤

 글쓴이의 말

어린이 여러분, 만나게 되어 반갑습니다.

우장춘은 세계적인 식물학자로, 나라를 위해 목숨을 바쳐 일하신 분입니다. 일본에서 태어난 우장춘은 겨우 다섯 살 때 아버지를 잃고 몹시 힘들게 자랐습니다. 그렇지만 민들레처럼 굳세게 어려움을 이겨 내고 마침내 세계 식물학계에 큰 영향을 끼친 훌륭한 식물학자가 되었지요.

우장춘 박사를 씨 없는 수박을 만든 사람으로 잘못 알고 있는 사람이 많습니다. 그러나 이는 사실과 다르답니다. 우장춘 박사는 씨 없는 수박을 만든 것보다 훨씬 위대한 일을 많이 하신 분이에요. 그가 쓴 박사 학위 논문은 전 세계의 식물학 교과서에 실려 있으며, 식물 유전학을 연구하는 사람치고 그를 모르는 사람이 없을 정도입니다.

우장춘 박사는 조국 대한민국의 역사와 늘 함께했습니다. 우리 민족이 일본에 나라를 빼앗기고 해방될 때까지 긴 세월 동안, 우장춘은 일본에서 한국인이라는 이유로 늘 놀림을 당했어요. 요즘으로 치면 '왕따'를 당한 것이지요. 조국으로 돌아와 각종 채소와 농작물의 품종 개발을 위해 일할 때에는 한국전쟁의 쓰라린 아픔을 겪어야 했습니다.

죽음을 눈앞에 두고도 우장춘은 "대한민국이 나를 인정했다"고 말하며 기뻐했어요. 그는 조국 대한민국을 누구보다도 아끼고 사랑했던 것입니다.

어린이 여러분, 이 책을 읽다 보면 우장춘 박사가 얼마나 열심히 살았는지 잘 알게 될 것입니다. 그리고 어떤 어려움 앞에서도 무릎 꿇지 않고 일어서는 법을 배우게 될 것입니다.

매일 밤 저를 잠재우지 않고 이 글을 쓰게 한 하나님께 큰 영광을 돌립니다. 그리고 제가 방해받지 않고 글을 쓸 수 있도록 참고 도와준 아내와 아이들에게도 기쁨을 전합니다.

2006년 가을, 용인 상현마을 글방에서 오민석

 # 차례

글쓴이의 말 · 4

고아원에서 어린 시절을 보내다 · 9

민들레처럼 살기 · 16

아버지의 비밀 · 31

육종학 연구와 관동 대지진 · 47
- 육종학이란 무엇일까? · 56
- 관동 대지진 · 57

결혼, 그리고 박사 학위를 받다 · 58

농사 시험장을 그만두다 · 80

다키이 종묘 회사에서 일하다 · 87
- 겹꽃이라 더 예쁜 피튜니아 이야기 · 97

해방, 그리고 조국 대한민국으로 오다 · 98
- 우장춘의 발자취-우장춘 기념관 · 109

한국 농업 과학 연구소 소장이 되다 · 110

씨 없는 수박 이야기 · 124
- 씨 없는 수박을 먹어 봤나요? · 129

우장춘, 세상을 뜨다 · 130

열린 주제 · 136
인물 돋보기 · 138
연대표 · 140

우장춘

고아원에서 어린 시절을 보내다

　우장춘은 1898년 일본 도쿄에서 태어났어요. 아버지 우범선은 한국 사람이었고, 어머니 사카이 나카는 일본 사람이었지요. 그런데 장춘이 다섯 살 때 그만 아버지가 돌아가시고 말았어요. 안 그래도 어렵던 집안 살림은 아버지가 돌아가신 뒤로 더 나빠졌지요.

　어머니는 어떻게든 장춘을 키우려고 했지만 쉽지 않았어요. 게다가 그 무렵 어머니는 홀몸이 아니었어요. 장춘의 동생이 어머니 배 속에서 자라고 있었던 거예요. 어머니는 하는 수 없이 장춘을 도쿄에 있는 희운사라는 절의 고아원에 맡기기로 했어요. 남편을 잃은 슬픔이 채 가시기도 전에 어린 아들을 고아원에 두고 오면서, 어머니는 속으로 많이 울었답니다.

아버지를 잃고 어머니와도 생이별을 하게 된 어린 장춘은 몇 년 동안 고아원에서 생활해야 했어요. 주지 스님이 잘 돌봐 주었지만, 장춘은 엄마 아빠가 너무나 보고 싶었답니다. 해님을 보면 아빠 얼굴이 떠올랐고, 한밤 중 구름 사이로 흘러가는 달님을 보면 엄마 얼굴이 떠올랐지요.

벚꽃이 흐드러지게 피어난 어느 봄날이었어요. 절 마당으로 나온 장춘의 머리 위로 꽃잎이 눈처럼 떨어져 내렸어요. 장춘은 꽃잎이 떨어지는 하늘을 올려다보았어요. 그 순간, 휘날리는 꽃잎 사이로 환히 웃는 엄마 얼굴이 보였어요. 장춘은 나직이 엄마를 불렀습니다.

"엄마아……."

꽃보다 더 환하게 웃고 있는 엄마가 장춘을 내려다보았어요. 엄마는 팔을 크게 벌리며 무어라 말씀하시는 것 같았어요.

"장춘아, 조금만 더 참고 기다리렴. 엄마가 곧

데리러 갈게."

"엄마, 보고 싶어요."

장춘이 엄마 품에 안기려는 순간, 하늘이 노래졌어요. 꽃처럼 환하던 엄마 모습도 사라졌고요. 그러더니 하늘이 붉은색, 검은색으로 어지럽게 바뀌었어요. 장춘은 그만 자리에 쓰러지고 말았답니다.

마침 시내로 나가려던 주지 스님이 이 모습을 보고 놀라서 뛰어왔어요.

"장춘아, 정신 차려! 애야, 애야, 아이고 큰일 났네."

주지 스님은 우물가로 달려가 찬물을 떠 오더니 창백해진 장춘의 얼굴에 끼얹었어요. 잠깐 정신을 잃었던 장춘은 곧 깨어났어요. 그러더니 스님 얼굴을 보자마자 엄마를 찾았어요.

"스님, 엄마는 어디 있어요?"

"애야, 엄마라니?"

"아까 저 벚나무 위에서 나를 안아 주시려고 했는데……."

"쯧쯧, 가여워라. 어린것이 헛것을 보았구먼."

스님은 혀를 끌끌 차면서 장춘을 내려다보았어요. 장춘의 눈에서 눈물이 주르르 흘러내렸어요.

그렇게 엄마 아빠를 그리워하며 장춘은 하루하루를 보냈습니다. 절에서 생활하는 어린 장춘에게는 엄마 아빠에 대한 그리움말고도 힘든 일이 많았어요. 그때만 해도 절의 살림이 넉넉지 않아서, 끼니를 감자로 때우다시피 했답니다. 하루 세 끼 내내 감자만 먹어야 하는 날도 많았지요. 제대로 먹지 못해 장춘의 몸은 바싹 말라 갔고, 얼굴빛도 좋지 않았어요.

그 때문에 장춘은 감자를 무척 싫어했어요. 어른이 되어서도 마찬가지였지요.

장춘이 결혼해서 아이들을 낳고 일본의 교토에서 살 때의 일이에요.

장춘은 평소에 자식들에게 음식을 가려 먹지 말고 골고루 먹으라고 가르쳤어요. 그런데 딸이 가만히 보니 아빠가 감자에는 손도 대지 않는 것이었어요. 이를 이상하게 생각한 딸이 물었지요.

"우리한테는 음식을 가려 먹으면 안 된다고 하시면서, 아빠는 왜 감자를 안 드세요?"

장춘은 딸의 느닷없는 질문에 당황해하며 대답했습니다.

"미안하구나. 하지만 아빠를 좀 이해해 주겠니? 고아원에서 살 때 아빠는 사람이 평생 먹을 감자를 다 먹었단다. 아침에도, 점심

에도, 저녁에도 감자만 먹었어. 그래서인지 감자는 쳐다보기도 싫구나."

딸은 아빠가 너무 가여워 금방이라도 눈물이 쏟아질 것 같았어요. 그 뒤로는 아빠가 감자를 드시지 않아도 아무 말도 하지 않았답니다.

한편, 장춘이 절에서 생활하는 동안 어머니는 온갖 험한 일을 하며 살았습니다. 하루빨리 장춘을 데려오기 위해서였지요. 그러나 아무리 노력해도 돈은 모이지 않았어요. 결국 어머니는 중대한 결심을 하게 되었답니다. 장춘의 아버지 묘가 있는 땅을 팔기로 한 거예요. 그렇게 하지 않고서는 도저히 장춘을 데려올 수가 없었기 때문이지요.

"장춘아!"

스님과 함께 절 마당을 쓸고 있던 장춘은 깜짝 놀랐어요. 그토록 그리워하던 어머니 목소리, 꿈에서나 듣던 어머니 목소리였으니까요. 소리가 들려오는 쪽을 바라보니, 어머니가 저 멀리에서 뛰어오고 있었어요. 장춘도 한걸음에 달려갔지요.

어머니는 장춘을 보자마자 그 자리에 털썩 주저앉고 말았어요. 뼈뼈 마른 데다 얼굴에 허연 버짐까지 핀 아들을 보자 가슴이 무너져 내리는 것 같았지요. 하지만 장춘은 마냥 기쁘기만 했어요.

'다시는 엄마와 헤어지지 말아야지!'

어머니 품속으로 파고들며 장춘은 다짐했어요.

어느덧 어머니 눈에서도 장춘의 눈에서도 눈물이 흘러내렸어요. 두 사람을 보고 있던 스님의 눈에서도요. 종달새 한 마리가 나직이 하늘을 날면서 두 사람을 축복해 주었지요.

민들레처럼 살기

어머니와 함께 집으로 돌아온 장춘은 학교에 들어갔습니다. 고아원에서 잘 먹지도 입지도 못하고 자란 탓에 장춘은 남들이 보기에 몹시 초라한 몰골이었어요. 이를 안타까이 여긴 어머니는 없는 살림에도 쇠고기나 계란 같은 영양분이 많은 음식을 장춘에게 열심히 먹였어요.

음식이 충분하지 않아서 어머니는 가끔 동생 몰래 장춘에게만 이런 음식을 먹일 때도 있었어요. 그럴 때마다 장춘은 의젓한 목소리로 어머니에게 말했습니다.

"엄마, 좋은 음식일수록 동생과 나누어 먹어야지요."

어머니는 이런 장춘을 보며 몹시 대견해했어요. 부모 없이 고아원에서 생활하면서도 이렇듯 훌륭히 자라 준 장춘에게 고맙고도 미안했습니다.

장춘은 어머니와 함께 살게 되어 몹시 행복했지만, 한 가지 고민이 있었어요. 몇몇 아이가 자신을 자꾸 놀리는 것이었어요. 온순한 성격에다 친구들에게 늘 정답게 대하는 장춘을 싫어하는 아이는 많지 않았어요. 하지만 몇몇 아이가 장춘을 자꾸만 놀려 댔답니다.

"야, 나가하루! 너 조센징이지?"

'나가하루'는 장춘의 일본 이름이에요. '조센징'은 일본 사람들이 조선 사람을 업신여겨 부르는 말이었고요.

"얘들아, 저기 조센징 지나간다!"

아이들은 장춘을 마치 동물원의 원숭이 구경하듯 신기하게 쳐다보며 졸졸 따라왔어요.

"내가 왜 조센징이야? 난 일본 사람이야!"

장춘은 참다못해 버럭 소리를 질렀어요. 그러자 친구들이 비아냥거리며 말했습니다.

"나가하루, 네가 일본 사람이라고? 웃기는 소리 하고 있네. 일본에는 '우'라는 성이 없어."

장춘은 갑자기 망치로 머리를 얻어맞은 듯 멍해졌어요.

'내가 일본 사람이 아니라고? 일본에는 우씨 성이 없다고?'

그때까지 장춘은 자신을 일본 사람이라고 생각하며 살았답니다. 그런데 일본에는 우씨 성이 없다니요. 장춘은 생각에 잠긴 채 집으로 향했습니다.

"엄마, 나는 조선 사람인가요, 일본 사람인가요?"

장춘의 물음에 어머니는 조용히 대답했어요.

"장춘아, 너는 일본 사람이기도 하지만 조선 사람이기도 하단다. 엄마는 일본 사람이지만, 아빠는 조선 사람이었거든. 하지만 아빠가 조선 사람이었다는 건 부끄러운 일이 아니란다. 돌아가신 아빠는 나라를 위해 훌륭한 일을 하셨어. 네가 크면 엄마의 나라인 일본뿐만 아니라, 아빠의 나라인 조선을 위해서도 큰일을 해야 한다."

장춘은 어머니의 가르침을 가슴속 깊이 새겨 두었답니다.

그 뒤로도 친구들은 장춘을 '조센징', '센진노코'(조선 놈의 자식)라고 놀려 댔습니다. 그럴 때마다 기분이 나쁘고 속이 무척 상했지만, 알 수 없는 배짱이 생겼어요.

'그래, 나는 조센징이다. 그래서 뭐가 어쨌다는 것이지?'

장춘의 머릿속에는 '나는 조선 사람'이라는 생각이 서서히 자리 잡기 시작했습니다.

그래도 가끔 속이 상해 어머니에게 털어놓을 때면, 어머니는 민들레 이야기를 들려주곤 했어요.

민들레는 길가 아무 데서나 쉽게 볼 수 있는 꽃입니다. 그러니 사람이나 소나 말 따위의 가축들에게 밟히기 십상이지요. 그러나 민들레는 짓밟힐수록 더욱 강하게 자라나는 꽃이랍니다. 약한 꽃들은 밟히면 금방 시들어 죽고 말지만, 민들레는 더욱 굳세게 자라는 성질을 가지고 있어요. 그러고는 자기를 짓밟은 사람들을 놀리기라도 하듯이 아름다운 꽃을 피우지요. 긴 대롱 위에 피어난 민들레의 노란 꽃은 어려움을 이겨 낸 자만이 가질 수 있는 승리의 깃발 같은 것이지요.

어머니는 민들레 이야기를 들려준 다음에는 꼭 이렇게 당부했습니다.

"민들레처럼 굳세게 자라렴. 그래서 아버지의 나라, 조선을 위해 일해야 한다."

장춘은 조선 사람인 아버지가 왜 일본까지 오셔서 일본 사람인 어머니와 결혼을 했을까 궁금했어요. 당시에는 그런 사람이 많지 않았으니까요. 아버지가 어째서 그렇게 일찍 돌아가셨는지도 알고 싶었답니다.

하지만 장춘이 이런 것을 물을 때마다 어머니는 대답 대신 입을 굳게 다물고 몹시 불편한 기색을 내비쳤어요. 그러면서 '민들레처럼 열심히 살아서 나중에 조선을 위해 큰일을 하라'는 말씀만 되풀이했지요.

무슨 까닭인지는 모르지만, 장춘에게 이 물음은 어머니에게 해서는 안 되는 것이었어요.

마음씨 착한 장춘은 어머니가 괴로워하는 걸 더 이상 보고 싶지 않았어요. 그래서 나중에 대학을 졸업하고 어른이 될 때까지 아버지에 대한 궁금증을 가슴에 묻고 살았답니다.

장춘이 중학교에 들어가기 1년 전인 1910년이었어요. 여름 더위가 기승을 떨치던 그해 8월, 우리나라는 일본과 소위 '한일합방' 조약을 맺음으로써 일본에게 나라를 빼앗기고 말았어요. 우리나라가 일본의 식민지가 된 것입니다.

식민지란 '정치적으로나 경제적으로 다른 나라의 지배를 받아 독립 국가로서 주인의 권리를 가지지 못한 나라'를 의미해요.

이제 우리나라의 주인이 일본이 된 것이지요.

그로부터 해방되던 1945년까지 우리나라는 무려 36년이나 일본의 지배를 받았습니다. 36년이면 한 아이가 태어나 성장하여 결혼을 하고 가정을 이루고도 남는 긴 시간이지요.

일본 사람들은 우리나라를 차지하게 되어 신바람이 났습니다.

"만세, 이제 조선도 우리 땅이다!"

여기저기서 축하하는 모임이 벌어졌어요. 이와는 반대로 나라를 빼앗긴 우리나라 사람들은 너무나 억울해 가슴을 치며 크게 울었습니다.

우리나라가 일본과 한일합방을 맺은 1910년 8월 29일을 어른들은 '국치일'이라고 부른답니다. 이는 '나라가 큰 수치를 당한 날'이라는 뜻이지요.

"나라 잃은 백성이 어떻게 얼굴을 들고 살까……. 너무나 부끄럽도다."

우리나라 사람들은 부끄럽고 억울해서 울고, 일본 사람들은 자신의 나라가 자랑스러워 기뻐한 날이 바로 이날입니다.

장춘이 살던 동네에서도 군악대가 나팔을 불며 지나가고, 길 가던 사람들이 박수를 치며 그들을 환영했습니다.

"만세, 대일본 제국 만세!"

"조선은 이제 우리 것이다!"

그들은 소리 높여 외쳤습니다.

장춘은 처음에는 웃어야 할지 울어야 할지 몰랐습니다. 자신의 몸에는 일본 사람의 피와 조선 사람의 피가 함께 흐르고 있었기 때문이지요.

하지만 곧 '조센징'이라고 놀림을 당할 때마다 '나는 조선 사람이다'라고 다짐했던 일이 떠오르면서 몹시 슬퍼졌어요. 자기 마음속에 있는 두 나라가 서로 싸우는 것이 슬펐고, 그 가운데 한 나라가 다른 나라의 총칼에 짓밟혔다는 사실이 너무나 가슴 아팠습니다.

장춘은 기뻐 날뛰는 일본 사람들 사이에서 슬쩍 빠져 나왔어요. 집으로 가려 했으나, 발걸음은 집으로 향해지지 않았습니다. 장춘은 정한 곳도 없이 고개를 푹 숙인 채 이리저리 헤매고 다녔어요. 멀리서 일본 사람들의 환호와 박수 소리가 간간이 들려왔지요. 더욱더 우울해진 장춘은 생각했습니다.

'나는 일본 사람인가, 조선 사람인가.'

그러나 어머니에게 이런 질문을 던질 수는 없었어요. 질문을 하면 어머니가 몹시 괴로워한다는 걸 잘 알기 때문이었지요.

한일합방이 있은 뒤로 장춘을 괴롭히던 친구들의 눈길은 더욱 차가워지고 의기양양해졌어요. 그럴 때마다 어머니는 민들레 이야기를 다시 들려주었지요. 짓밟힐수록 더욱 굳세게 일어나 마침내 아름다운 꽃을 피워 내는 민들레!

장춘은 이를 악물고 친구들의 놀림을 견뎌 냈어요. 그러면서 자신이 조선 사람이라는 생각이 더욱 굳어졌어요. 일본 사람들이 자신을 일본 사람으로 인정해 주지 않았으니까요.

한일합방이 있던 다음 해, 그러니까 1911년 장춘은 일본 히로시마의 구레 시에 있는 구레 중학교에 들어갔어요.

1880년대 이래로 군항(군사적인 목적으로 쓰이는 항구)이 된 구레는 바닷가에 있는 아름다운 도시였어요. 장춘이 다니던 구레 중학교 바로 앞에 섬과 아름다운 쪽빛 바다가 펼쳐져 있었지요.

그러나 이 항구에 커다란 군함(전쟁에 사용하는 군인들의 배)이 드나들면서 군사적인 분위기가 물씬 풍겼어요. 그래서인지 구레 중학교 아이들은 대부분 해군이 될 것을 꿈꾸었어요. 제복을 입은 해군 장교가 지나가면 부러운 듯이 쳐다보며 말했지요.

"아, 정말 멋있다. 나도 해군이 되어 천황(일본의 왕을 일컫는 말)

을 위해 싸워야지."

　해군이 되려면 해군 사관 학교에 가야 했는데, 구레 중학교에서 성적이 좋은 아이들은 대부분 해군 사관 학교에 들어갔어요. 넓은 바다에 군함을 끌고 나가 적과 싸우는 늠름한 해군의 모습이 그 동네 아이들의 꿈이었지요.

　그러나 장춘은 달랐어요. 군인이 되기에는 몸이 너무 약한 데다, 활달하고 씩씩한 성격도 아니었으니까요. 고아원에서 지낼 때 제대로 먹지 못해 몸이 튼튼하지 못하고, 혼자 지내는 시간이 많아 내성적인 성격을 갖게 되었거든요. 또 해군이 되어 조선을 침략하는 앞잡이가 되는 것은 생각만 해도 끔찍한 일이었어요.

　장춘은 구레의 들판을 혼자 돌아다니는 것을 좋아했어요. 논밭 사이로 철마다 피어나는 각종 풀꽃을 보는 것이 친구들과 어울리는 것보다 재미있었지요. 꽃들은 장춘을 조센징이라고 놀리지도 않았습니다.

　장춘은 작은 씨앗이 싹을 틔우고 꽃을 피우며 열매를 맺고, 그 열매가 다시 땅에 떨어져 새 생명으로 자라나는 모습을 깊이 관찰했답니다.

　민들레도 마찬가지였어요. 민들레는 마치 누군가에게 짓눌리기

라도 한 듯, 잎사귀를 땅바닥에 바싹 붙인 채 악착같이 살아갔어요. 사람이나 소나 말에 밟혀도 끄떡도 하지 않았지요. 한여름의 폭풍우나 땡볕도 민들레를 죽이지 못했습니다. 꽃이 필 때도 오직 한 송이만 피어났어요.

민들레가 먼저 긴 꽃대를 밀어 올리고, 그 위에 눈이 부시도록 아름다운 꽃을 피워 올리는 모습을 장춘은 자주 보았습니다. 또 꽃이 질 무렵이면 민들레들은 수많은 꽃씨를 바람 속에 날려 보냈어요.

민들레 꽃씨들이 마치 작은 낙하산처럼 줄지어 하늘에 둥둥 떠가는 모습은 두고두고 잊을 수 없었지요. 그 씨앗들은 멀리멀리 날아가 또 다른 민들레로 피어날 것이 분명했으니까요.

장춘은 민들레 꽃씨에서 놀라운 사실을 발견했어요. 작은 꽃씨 하나가 자라나 다른 씨앗을 맺고, 이 생명이 다시 이어져 또 다른 생명을 낳고……. 꽃씨뿐만 아니라 이 세상의 모든 생물이 이렇게 끝없이 생명을 이어 간다는 사실을 알게 된 거예요.

'작은 씨앗 안에 이렇게 큰 원리가 숨어 있구나.'

그리고 민들레가 오직 하나의 꽃을 피워 내듯이 자신도 무엇이든 한길만을 가기로 마음먹었어요. 민들레가 마침내 많은 씨앗을 만들어 온 세상에 날려 보내듯, 자신이 한 일이 온 세상으로 퍼져 소중한 생명으로 피어날 것을 꿈꾸었지요.

 장춘은 알 수 없는 희망으로 가슴이 벅차올랐어요.

아버지의 비밀

1916년, 우장춘은 구레 중학교를 졸업하고 일본 도쿄 제국 대학 농학실과에 들어갔습니다. 수학을 잘하던 장춘은 원래 교토 제국 대학 공과(공업을 배우는 학과)에 가고자 했답니다. 그러나 학비를 지급하던 조선 총독부로부터 도쿄 제국 대학 농학실과를 가라는 지시가 내려와 따를 수밖에 없었어요. 장춘의 집안에서는 학비를 댈 능력이 없었기 때문입니다.

농학실과는 요즈음으로 말하자면 농사 기술을 공부하는 학과였어요. 어떻게 하면 씨앗을 밭에 심고 잘 길러 좋은 열매를 많이 맺히게 할 것인가를 연구하는 학문이지요.

이 학과는 책으로 하는 공부보다는 실제로 농사짓는 공부를 더 많이 했어요. 더운 여름날 하루 종일 땅을 파고 비료를 주는 등 농작물을 직접 관리해 봐야 훌륭한 농민이 될 수 있으니까요. 그래서 그 과정이 아주 힘들었지요. 가뜩이나 몸이 약하던 장춘에게는 더더욱 힘들었고요.

콩을 심기 위해 학교 실습 농장의 땅을 일구던 날이었어요. 봄이었지만 그날따라 유달리 햇볕이 따가웠습니다. 붉은 해님이 학생들 머리 위에서 지글지글 끓고 있었어요. 학생들 옷은 땀으로 흠뻑 젖었지요. 수건을 짜면 수건에서 땀이 주르르 흘러내릴 정도였어요.

"아, 이러다간 죽고 말겠어. 농사일이 이렇게 힘들 줄이야."

한 학생이 이렇게 말하며 일하던 삽을 던져 버렸어요. 그러자 다른 학생들도 다 같이 한마디씩 하며 뒤로 나자빠졌지요. '그러면 그렇지, 너희들이 얼마나 견디겠어'라고 해님이 놀리는 것 같았어요. 하지만 장춘은 묵묵히 삽질을 계속했습니다. 그의 마른 갈비뼈 사이로 땀방울이 주르르 흘러내렸어요.

장춘은 마지막 이랑까지 끝내고 나서야, 땅바닥에 털썩

주저앉았습니다. 바지도 땀으로 흠뻑 젖어 있었지요. 그새 해님은 서쪽으로 기울기 시작했고, 어디선가 시원한 바람이 한줄기 불어 왔어요. 장춘은 자신이 갈아엎은 긴 밭두렁을 쳐다보았어요. 검고 기름진 흙들이 얌전하게 줄을 맞추어 누워 있었어요.

'내일 이곳에 콩을 심을 거야. 씨앗은 봄이 되어 따뜻해진 흙 속에서 조금씩 세포 분열(세포가 점점 커지면서 그 수가 늘어나는 것)을 하겠지. 세포 분열로 씨앗이 커지면 씨앗을 감싸고 있던 껍질이 마침내 터지고, 그곳에서 여리디여린 떡잎이 자라날 거야. 떡잎은 이불 같은 흙을 뚫고 밖으로 머리를 내밀겠지. 그러면 해님이 새싹에게 반갑게 인사를 할 거야. 새싹은 해님이 주는 햇빛을 먹으며 진한 초록색으로 무럭무럭 자라날 테고. 몸통도 가지도 굵어지고, 가지 사이에서는 어느 틈엔가 보랏빛 콩꽃이 주둥이를 내밀겠지. 그때쯤이면 어디서 나타났는지 벌과 나비들이 몰려올 거야. 벌과 나비들은 콩밭을 이리저리 날아다니며, 콩꽃이 열매를 맺을 수 있도록 도와줄 거고. 간간이 비가 내리거나, 실습 중인 우리들이 물을 주겠지. 마침내 씨앗은 흙과 물과 햇빛과 벌과 나비의 도움으로 더 많은 씨앗을 만들게 될 거야.'

쉬고 있던 장춘의 머릿속에 하나의 씨앗이 자라 더 많은 씨앗을 만드는 모습들이 주마등처럼 스쳐 지나갔어요.

그렇게 만든 씨앗 중 가장 좋은 씨앗을 골라 그 다음 해에 심으면, 더 좋은 씨앗을 얻을 수 있을 것입니다.

일이 너무 고되어 중간에 공부를 그만두는 학생이 자꾸만 늘어 갔습니다. 몸이 약한 장춘도 힘들기는 마찬가지였지요. 그러나 한 생명이 자라 더 많은 생명을 낳게 하는 데 이 정도의 노력은 당연하다는 생각이 들었어요. 하나의 씨앗이 자라나는 데에도 얼마나 많은 것이 서로 도와야 하는지 장춘은 잘 알고 있었으니까요. 해님, 흙, 따뜻한 날씨, 물, 벌, 나비, 돌보는 사람의 손길……. 이 가운데 어느 것 하나라도 빠지면, 씨앗은 그냥 썩고 말 것입니다.

장춘은 힘든 과정을 악착같이 이겨 냈습니다. 그리고 마침내 1919년, 도쿄 제국 대학 농학실과를 졸업했지요.

장춘은 어느덧 스물두 살이 되었어요. 키도 어머니보다 두 뼘은 더 커졌고, 농사일로 단련된 근육이 청년 장춘을 더욱 굳세 보이게 했습니다.

장춘이 대학을 졸업하던 1919년, 조선에서는 3·1 만세 운동이 일어났습니다. 1919년 3월 1일, 조선 사람들 모두 거리로 쏟아져 나왔어요. 사람들 손에는 저마다 태극기가 들려 있었지요. 일본 사람들 때문에 장롱 깊숙이 숨겨 둔 태극기들이 오랜만에 큰 물결을 이루며 환하게 나부꼈습니다.

"대한 독립 만세!"

"일본은 조선에서 물러가라!"

당황한 일본 경찰은 조선의 독립을 외치는 사람들을 총칼로 위협했어요. 그것도 모자라 때리고, 죽이고, 감옥에 가두었지요. 쓰러진 사람들, 도망치는 사람들, 대한 독립을 외치는 사람들로 거리는 아수라장이 되었습니다. 큰 말을 탄 일본 경찰들이 이리저리 내달리며 조선 사람들을 채찍으로 내리치기도 했습니다.

여러분이 잘 아는 유관순 열사도 이날 태극기를 들고 사람들 앞에 나서서 큰 소리로 '대한 독립 만세'를 외치다 감옥에 갇혀 돌아가셨답니다.

어떤 조사에 의하면 이 만세 운동은 전국적으로 1542번이나 일어났으며, 참가한 조선 사람의 수는 202만 3098명이나 되었고, 일본 경찰의 총칼에 죽은 사람이 7509명, 부상을 당한 사람이 1만 5961명, 감옥에 갇힌 사람이 4만 6948명이나 되었다고 합니다.

그런데 3·1 만세 운동이 일어나기 얼마 전, 일본에 유학 가 있던 조선의 학생들이 조선의 독립을 목 놓아 외친 사건이 있었어

요. 그것을 '2·8 독립 선언'이라고 합니다. 학생들이 조선의 독립을 선언한 날짜가 2월 8일이었기 때문이지요.

1919년 2월 8일, 조선 기독교 청년 회관에 모인 조선의 학생들은 독립 선언문을 큰 소리로 읽은 뒤 '대한 독립 만세'를 외치며 길거리로 뛰쳐나왔습니다. 당황한 일본 경찰들은 이 학생들을 몽둥이로 때리고 잡아서 감옥에 가두었지요.

'2·8 독립 선언'에 관한 이야기가 일본 각 지방으로 퍼져 나갔어요. 장춘도 친구들에게 이 소식을 들었지요. 어려서부터 자기 안에 있는 두 나라, 일본과 조선이 서로 원수가 되어 싸우는 것이 장춘은 너무나 괴로웠습니다. 특히 일본이 조선을 강제로 빼앗고 조선 사람들을 총칼로 죽이는 일은 받아들이기가 어려웠지요.

일본의 신문과 잡지들은 '독립은 조선의 헛된 생각에 지나지 않는다'라고 떠들어 댔고, 조선 사람들은 독립을 외치다 잡혀서 감옥에 가거나 매 맞아 죽기 일쑤였어요.

이 무렵, 장춘의 머릿속은 오래 잊고 지낸 아버지 생각으로 가득했어요.

'아버지는 왜 일본에 오셔서 일본 여자와 결혼을 하셨을까?'

'아버지는 왜 그렇게 젊은 나이에 돌아가셨을까?'

어머니에게 해서는 안 되는 질문들이 꼬리에 꼬리를 물고 이어졌어요. 이제 청년이 된 장춘은 조선 사람인 아버지가 왜 일본까지 와서 일본 사람과 결혼을 했는지, 그리고 왜 돌아가셨는지 꼭 알고 싶었어요. 또 알아야만 한다는 생각이 들었습니다. 자기 몸에 왜 일본 사람과 조선 사람의 피가 섞이게 되었는지 그 이유를 알아야만, 조선 사람으로 살든 일본 사람으로 살든 제대로 살 것 같았어요.

오랜 망설임 끝에 장춘은 아버지가 돌아가신 뒤 장춘의 가족을 돌봐 주던 스나가 하지메를 찾아갔습니다.

장춘이 조심스럽게 말을 꺼냈어요.

"아저씨, 아저씨는 알고 계시죠?"

"무엇을 말이냐?"

스나가 하지메는 영문을 모른 채 되물었어요.

"제 아버님은 조선 사람인데, 왜 일본에 오셔서 일본 여자와 결혼을 하셨습니까?"

스나가 하지메는 갑작스런 장춘의 질문에 당황해하면서 장춘의 눈길을 피했어요.

"아저씨, 저도 이제 어른입니다. 알 것은 알아야 한다고 생각합니다. 일본과 조선이 이렇게 다투고 싸우니, 너무 괴롭습니다. 일본 사람들은 저를 조선 사람이라 하고, 조선 사람들은 저를 일본 사람이라고 무시하니 제가 어떻게 살겠습니까?"

"네가 조선 사람이라고 누가 욕을 하더란 말이냐?"

"어려서부터 조센징이라고 놀림을 받아 왔습니다. 저도 이제 알고 싶습니다. 말씀해 주십시오."

스나가 하지메는 대답 대신 방바닥을 내려다보면서 깊은 한숨을 내쉬었어요.

"아저씨, 그리고 제 아버님은 왜 그렇게 일찍 돌아가셨습니까?"

스나가 하지메는 눈을 동그랗게 뜨고 놀란 듯이 장춘을 쳐다보았어요. 두 손은 가늘게 떨리고 있었고요.

"장춘아, 난 모르겠다. 나는 아는 바가 없어. 그러니 네 어머니에게 여쭤 보아라."

"아저씨……."

"난, 아는 것이 없다! 나는 그 부분에 대해 자세히 아는 것이 없단 말이다."

스나가 하지메는 마치 화난 사람처럼 소리를 질렀습니다.

그때까지 스나가 하지메는 늘 아버지처럼 인자하고 다정한 분이었어요. 장춘은 그가 화를 내는 것을 처음 보았습니다.

장춘은 자리를 물러날 수밖에 없었어요. 더 이상 물어 보아야 답이 나올 것 같지도 않고, 아버지처럼 자기 가족을 돌봐 준 아저씨가 왜 그렇게 화를 내는지도 알 수 없었지요. 게다가 어떤 이유로든 아저씨를 괴롭혀서는 안 된다는 생각이 들었습니다. 그는 장춘의 집안으로서는 평생 갚아도 모자랄 만큼 많은 도움을 주신 고마운 분이었으니까요.

집으로 돌아온 장춘은 잠을 이루지 못했어요. 스나가 하지메에게 던졌던 두 가지 질문이 밤새 장춘을 괴롭혔습니다.

새벽녘이었어요. 아침밥을 지으러 부엌으로 가던 어머니가 장춘의 방에 불이 켜 있는 것을 보고 들어왔어요.

"장춘아, 여태 잠을 안 잤니?"

"예, 어머니."

"왜, 무슨 고민이라도 있느냐?"

"어머니……."

장춘은 대답 대신 어머니에게 힘없이 말했습니다.

"어머니, 죄송합니다."

어머니는 놀라 되물었어요.

"죄송하다니? 무엇이 죄송하단 말이냐?"

"어머니께서 싫어하시는 질문인 줄은 잘 알지만, 저도 이제 어른이 되었어요. 아버지가 어떤 분이셨는지 꼭 알고 싶습니다. 아버지는 조선 사람이었는데, 왜 일본에 와서 어머니와 결혼하셨나요? 그리고 아버지는 왜 그렇게 일찍 돌아가셨지요?"

장춘은 숨 쉴 틈도 없이 어머니에게 질문을 던졌어요.

"어머니, 가르쳐 주십시오. 제 몸에 왜 두 피가 흐르는지 알고 싶습니다. 저는 누구죠? 어머니, 저는 조선 사람입니까, 일본 사람입니까?"

어머니는 입을 벌린 채 다물지 못했습니다. 한눈에 보기에도 무척 당황한 눈치였어요. 큰 숨을 내쉬며 어머니가 말했어요.

"나는 말 못한다. 세상에…… 그 일을 어떻게 너에게 전한단 말이냐."

"어머니, 저도 이제 다 컸습니다. 제가 어렸을 때부터 어머니는 늘 저보고 훌륭하게 자라 나중에 조선을 위해 큰일을 하라고 말씀하셨는데, 왜 그래야 하는지 제가 그 사정을 알아야지요."

어머니는 할 수 없다는 듯이 다시 숨을 크게 내쉬고는 조용히 말했습니다.

"나는 네가 모르고 넘어가길 바랐는데……. 어쩔 수 없구나. 나도 언젠가 이런 때가 오리라 생각했다. 잘 들어라."

어머니가 들려준 이야기는 대충 이러했어요.

장춘의 아버지 우범선은 조선 말기에, 조선 군대인 별기군의 훈련 대장이었어요. 당시 조선은 여러 나라로부터 나라의 문을 열라는 압력에 시달리고 있었지요. 러시아와 청나라(현재의 중국)와 일본이 조선을 가운데에 놓고 힘겨루기를 했습니다. 서로 조선을 차지하려고 싸움을 했던 것입니다.

당시 고종 임금의 부인이었던 민비(죽은 뒤 명성황후라 불림)는 러시아와 손을 잡고 일본에 대항하려 했습니다. 명성황후 때문에 정치의 흐름이 일본에게 불리하게 돌아가자, 일본은 명성황후를 죽이기로 결정했어요.

장춘이 태어나기 3년 전인 1895년 10월 8일, 주한 일본 공사이던 미우라 고로가 일본의 자객(칼을 쓰는 검객)들과 함께 명성황후가 살던 경복궁으로 쳐들어갔습니다. 그들은 조선의 황비인 명성황후를 잔인하게 죽이고 시체마저 불태워 버렸답니다.

여기까지 이야기한 어머니는 얼굴이 새파랗게 질린 채 더 이상 말을 잇지 못했어요. 장춘도 속이 울렁거리면서 알 수 없는 두려움으로 피가 머리끝까지 솟구치는 것 같았지요. 어머니는 큰 숨을 내쉬고는 말을 이었습니다.

"잘 들어라. 민비를 살해하던 그 자리에 네 아버지가 계셨단다. 나도 그분이 왜 그 자리에 계셨는지 그 이유를 정확히 모른다. 아마도 미우라 고로가 아버지를 이용했을 수도 있다. 아니면, 아버지 역시 일본 사람들처럼 민비가 죽어야 일본이 살고 조선도 산다고 생각하셨을지도 모르지. 그 사건 이후 아버지는 조선에서 더 이상 사실 수가 없었단다. 조선의 황비를 죽이는 자리에 일본 사람들과 함께 있었으니, 조선 사람들이 아버지를 그냥 두었겠니? 그 일이 있고 나서 얼마 뒤 아버지는 부산을 거쳐 일본으로 망명(정치적인 이유로 다른 나라로 피신하는 것)을 오셨다. 그리고 나를 만나 결혼하신 것이다."

장춘은 너무 놀라 얼굴이 하얗게 질린 채 몸을 제대로 가눌 수조차 없었어요. 그대로 어머니 앞에 쓰러졌지요. 어머니가 장춘을 안았습니다. 둘은 한동안 숨 죽여 울었어요.

어머니는 남은 이야기를 마저 하겠다며 지친 몸을 일으켜 세웠습니다.

"아버지와 나는 결혼해 너를 낳고 행복하게 살고 있었다. 그런

데…… 네가 다섯 살 때였다. 조선에서 온 자객이, 조선의 원수를 갚는다며, 그만, 아버지를 죽이고 말았단다."

장춘은 심장이 멎는 것 같았지만, 한편으로는 모든 비밀이 밝혀져 속이 후련하기도 했습니다. 그동안 이런 엄청난 사실을 숨기고 살아오신 어머니가 가여웠습니다.

"아버지의 죄 갚음을 하여라. 너는 장차 조선을 위해 큰일을 하지 않으면 안 된다."

어머니가 나직이, 그러나 힘주어 말했습니다.

멀리서 동이 터 오고 어디선가 닭 우는 소리가 들려왔어요. 장춘은 아주 어려운 숙제를 푼 뒤처럼 깊은 피로가 몰려왔습니다.

장춘과 어머니는 그 뒤로 이 이야기를 서로에게는 물론 그 누구에게도 하지 않았어요. 다만 "장차 조선을 위해 큰일을 하지 않으면 안 된다"는 어머니 말씀만이 평생 장춘의 마음속에 남아 있었지요.

육종학 연구와 관동 대지진

1919년 대학을 졸업한 우장춘은 농림성의 농사 시험장에 취직을 했습니다. 농사 시험장이란 농업을 연구하는 연구소지요.

장춘은 많지 않은 월급을 받았지만 이곳이 마음에 들었답니다. 무엇보다도 식물에 관한 연구를 마음껏 할 수 있어서였지요. 게다가 적은 돈이지만 자기 힘으로 벌어 어머니를 모실 수 있다는 사실도 기뻤습니다. 어머니 역시 늠름한 사회인이 된 아들이 자랑스러웠어요.

장춘은 열심히 연구소 일에 매달렸어요. 그리고 몇 년 뒤부터 육종학자로서 많은 논문을 발표하기 시작했습니다. 육종학이란

'생물을 유전적으로 개량하여 새로운 품종을 기르는 데 필요한 이론과 그 응용에 관한 학문'을 말합니다. 어떤 생물을 연구하느냐에 따라 식물 육종학, 동물 육종학 등으로 불린답니다.

장춘은 식물 육종학자로서, 식물의 유전자(유전의 내용과 성격을 결정하는 세포의 단위)를 연구했어요. 유전이란 한 생물이 가지고 있는 어떤 특성이 그 후손(자식)들에게 이어지는 것을 말해요. 여러분은 엄마와 아빠의 유전자를 이어받아 만들어졌고, 그래서 다른 사람이 아닌 엄마와 아빠를 닮게 된 것이지요.

장춘이 한 일은, 쉽게 말해 식물의 유전자 연구를 통해 새로운 식물을 개발하고, 그것을 이용해 거두어들이는 농작물의 양과 품질을 높이는 것이었어요.

장춘은 1922년(1926년이라는 주장도 있음), 그의 나이 스물다섯 살 때, 《유전학 잡지》라는 학술지에 〈종자로서 감별할 수 있는 나팔꽃의 품종에 관하여〉라는 논문을 처음으로 발표하게 됩니다.

그 뒤로 나팔꽃에 관한 여러 논문을 발표하는데, 어유, 전문가가 아닌 우리들이 보면 도대체 무슨 말인지도 모를 정도로 어려운 것들이지요. 〈나팔꽃에 있어서의 돌연변이의 발견에 관한 연구〉, 〈나팔꽃 송엽형의 상변성 돌연변이에 대해서〉, 〈나팔꽃에 있어서의 하플로이드 식물의 발생〉 등이 이 무렵 우장춘이 쓴 논문들입니다.

장춘이 이렇게 식물의 유전자를 한창 연구하고 있던 1923년이었어요. 일본에서 '관동 대지진'이라는 큰 사건이 일어났습니다. 더운 여름이 가고 가을바람이 불기 시작하던 그해 9월 1일, 일본의 관동 지방에서 엄청난 규모의 지진이 일어났던 것입니다.

관동 지방은 일본의 혼슈 중앙 부근에 있으며, 도쿄를 가운데에 두고 수도권의 주요 지역을 포함하는 일본 최대의 평야 지대랍니다. 지진으로 인해 9만여 명이 죽었고, 4만여 명이 행방불명되었으며, 일본 돈 약 56억 엔에 이르는 재산이 파괴되었어요. 이 정도면 이 지진이 얼마나 큰 지진이었는지 알겠지요?

도쿄 시내는 온통 불길에 휩싸였고, 연기와 사람들의 비명 소리가 뒤섞여 그야말로 아수라장이었어요. 전봇대가 쓰러지고, 여기저기서 큰 소리를 내며 건물들이 무너져 내렸으며, 그 아래로 사람들이 깔려 죽었어요. 사람들 모두 제정신이 아니었어요.

일본의 한복판에서 벌어진 이 사건으로 일본 정부는 심각한 위기에 처했습니다. 밖에서는 조선에서 독립 운동이 활발히 일어나 복잡한 상황이었고, 안에서는 살기 힘든 일본의 노동자들과 농민

들이 정부를 향해 비난의 목소리를 높여 가던 때였으니까요. 그런데다 지진까지 일어났으니, 일본 정부는 완전히 궁지에 몰리고 말았지요.

일본 정부는 자신들에게 돌아오는 불만을 누군가 다른 사람들에게 떠넘겨야 할 필요를 느꼈어요. 그래야만 자신들이 살아남을 수 있으니까요. 그래서 그들은 일본에 살고 있는 조선 사람들을 이용하기로 했습니다. 일본의 내무대신(요즘으로 치면 내무부 장관) 미즈노 렌타로 등은 경찰대 및 경비대를 시켜 '조선 사람들이 폭동(떼를 지어 난동을 하는 행위)을 일으켰다'는 뜬소문을 퍼뜨리게 했어요.

전쟁보다 더 심한 지진 때문에 사람들이 모두 제정신이 아닌 상황에서, 여기저기 나쁜 소문들이 떠돌기 시작했습니다.

"조선 사람들이 우물에 독약을 풀어 넣었대."

"조선 사람들이 일본 사람들 집에 불을 지르고 돌아다닌대."

일본 사람들 사이에 이런 소문들이 빠른 속도로 퍼졌어요. 물론 이는 사실이 아니고, 일본 경찰들이 꾸며 낸 말이었지요. 흥분한 일본 사람들은 몽둥이, 죽창(대나무로 만든 창), 일본도(일본의 무사들이 쓰는 칼) 등으로 일본에 있는 조선 사람들을 닥치는 대로 죽이기 시작했습니다.

"조선 사람을 모두 죽여라!"

"조선 사람은 우리의 원수다!"

조선 사람을 많이 죽였다고 자랑하는 일본 사람까지 생겨날 정도였지요.

여기저기에 조선 사람들의 시체가 쌓여 갔어요. 지진이 일어난 9월 1일부터 1주일 동안 수많은 조선 사람이 잔인하게 죽어 갔습니다.

이때 죽은 조선 사람의 수가, 일본 사람 요시노 사쿠조가 쓴 《압박과 학살》이라는 책에는 2534명으로, 대한민국 임시 정부의 '독립 신문' 특파원 보고에는 6661명으로 나와 있습니다. 일본에서 일본 사람들의 눈치를 보며 힘들게 살아가던 엄청난 숫자의 조선 사람이 이때 싸늘한 시체로 변해 갔던 것입니다.

농사 시험장이 도쿄에서 그리 멀지 않은 곳에 있었기 때문에 장춘은 이런 사실을 모두 듣고 보았습니다.

장춘도 처음에는 일본이 나라를 빼앗은 것에 앙심을 품은 조선 사람들이 지진이 일어난 틈을 타 폭동을 일으킨 줄 알았어요. 그러나 나중에 그것이 모두 거짓임을 알게 되었지요. 일본 경찰이

눈엣가시 같던 조선 사람들을 죽이기 위해 꾸며 낸 일이란 걸 말이에요. 장춘은 일본이 점점 더 싫어졌어요.

'나는 조선 사람이야. 어머니 말씀대로 훌륭한 학자가 되어 조선을 위해 큰일을 해야겠다.'

장춘은 속으로 다짐했습니다.

육종학이란 무엇일까?

우장춘 박사가 공부한 육종학이란 학문이 무엇인지 궁금한가요? 육종이란 단어를 풀어서 이야기하면 종을 기른다는 뜻이에요. 식물 육종학이란 여러 종류의 식물을 더 좋은 품종으로 바꾸기 위한 학문이라는 뜻이지요. 농업에서 육종학은 굉장히 중요한 부분을 차지하고 있어요.

우리가 지금 알고 있는 많은 식물은 처음부터 그런 모습은 아니었어요. 인간이 먹을 것을 안정적으로 확보하기 위해 식물을 기른 것을 육종의 시작이라고 할 수 있어요. 사람들은 시간이 지나면서 좀 더 튼튼하고 좋은 종의 식물을 필요로 했어요. 그래서 자연 상태에 있던 식물을 더 좋은 식물이 되도록 개량하거나 서로 다른 종을 통해 새로운 식물을 만들기도 했지요. 우장춘 박사가 만들어 낸 겹꽃 피튜니아 역시 이런 육종학의 결과랍니다. 낱알이 주렁주렁 달린 벼나 제주도에서 생산되는 특유의 감귤 역시 이런 개량 과정을 거쳐서 만들어진 식물이에요.

육종학은 분야별로 저마다 목표가 달라요. 벼를 육종하는 학자들에게는 벼의 수확량을 늘리는 것이 목표였어요. 병충해에 강하고 많은 비에도 잘 견딜 수 있는 튼튼한 벼를 만드는 것도 필요했지요. 학자들의 노력 덕분에 오늘날 우리가 먹는 쌀이 만들어졌답니다.

과일을 연구하는 학자에게는 좀 더 맛있는 열매를 맺게 하는 것이 과제였어요. 많은 연구를 거듭해서 달고 맛있는 수박, 참외 등이 만들어졌답니다. 마트에서 파는 과일들의 당도가 높은 것은 꾸준한 실험을 통해 품종이 개량된 덕분이에요. 또 좀 더 아름답고 오래 가는 관상용 식물들도 만들어졌지요. 생장 속도가 빨라서 금방 꽃이 피고, 그 아름다움이 오래 보존되게 말이에요.

관동 대지진

   1923년 9월 1일 일본의 관동 지방에서 강도 7.9의 큰 지진이 일어났어요. 이 사건을 '관동 대지진'이라고 해요. 이 지진으로 인해 9만 명 이상이 죽었고, 4만 명 이상이 행방불명되었으며, 46만 동 이상의 건물이 파괴되었어요.

   문제는 이 엄청난 사건이 일어난 뒤, 일본에 살고 있던 조선 사람들에 대한 온갖 나쁜 소문이 돌았다는 것입니다. 조선 사람들이 우물에 독약을 탔다는 둥 강도질을 하고 다닌다는 둥 불을 지르고 폭동을 일으킨다는 둥 말도 안 되는 거짓말들이었지요. 이 모든 거짓말은 일본 경찰들이 만들어 낸 것이었어요.

   그러잖아도 큰 혼란에 빠진 일본 사람들은 이 소문을 사실로 알고, 일본에 살고 있던 조선 사람들을 마구 죽였답니다. 이로 인해 수많은 조선 사람이 억울하게 죽어 갔습니다.

결혼, 그리고 박사 학위를 받다

관동 대지진이 일어난 얼마 뒤였어요. 우장춘은 이웃에 있는 한 일본 사람 집에 가정교사를 나가고 있었어요. 후지타 세즈라는 미망인(남편이 죽고 혼자 된 여자)의 집이었지요. 장춘은 그녀의 외아들을 가르쳤습니다.

후지타 세즈에게는 고하루라는 이름을 가진 여동생이 있었어요. 고하루는 사범 학교를 졸업하고 초등학교 선생님으로 있었는데, 방학 때면 언니 집에 와서 지내곤 했답니다.

방학 때 장춘이 후지타의 아들을 가르치러 가면, 고하루와 마주치곤 했어요. 고하루는 화려하게 생기지는 않았지만, 매우 지혜롭고 똑똑해 보였지요. 그녀는 사범 학교에 다닐 때 남들이 모두 부러워할 정도의 수재였다고 해요.

고하루는 언니의 아들을 가르치는 장춘에게 왠지 마음이 끌렸습니다. 말수는 적지만 아주 듬직해 보였고, 단 한 번도 시간을 어기지 않을 정도로 성실한 모습이 맘에 들었어요. 게다가 원래 직업이 가정교사가 아니라 식물학자라는 사실을 알고 나서는 장춘에게 더욱 마음이 가는 것이었어요.

장춘은 학자답게 근엄해 보이면서도 실제로 이야기를 나누어 보면 몹시 다정다감하고, 옳고 그름을 분명하게 구분할 줄 아는 사람이었어요.

장춘 역시 고하루가 맘에 들었어요. 그녀와 마주칠 때마다 고하루는 선한 눈길로 장춘을 대해 주었어요. 그때까지 장춘은 어머니 외에 그 어떤 사람에게서도 그렇게 다정한 눈길을 받은 적이 없었답니다.

그녀는 예의가 바를 뿐만 아니라 늘 상대방의 의견을 존중할 줄 알았고, 장춘이 식물학자라는 사실을 마음속으로 무척 존경하는 눈치였어요.

고하루의 언니인 후지타 역시 장춘에 대해 좋은 인상을 가지고 있었어요. 그녀의 주선으로 장춘과 고하루 사이에 결혼에 관한 이야기가 오갔어요. 서로에게 사랑하는 마음을 갖고 있던 둘은 당장이라도 결혼하고 싶었지요.

그런데 문제가 생겼어요. 고하루의 부모님과 오빠들이 두 사람의 결혼을 반대했던 거예요. 반대 이유는 간단했습니다. 우장춘이 조선 사람이라는 것이었지요. 일본 사람 가운데에는 우씨 성을 가진 사람이 없으니, 우장춘의 성만 들어도 대번에 그가 조선 사람이라는 사실을 알 수 있었던 것입니다.

장춘은 조선 사람이라는 이유로 사랑하는 사람과 결혼하지 못한다는 사실이 너무나 괴로웠습니다.

'조선 사람이라서 결혼을 반대하다니. 사람은 다 같은 사람 아닌가. 이해할 수가 없군.'

장춘은 또다시 조선 사람이라는 이유로 상처를 받게 되었어요. 그러나 이번에는 달랐어요. 고하루가 우장춘과의 결혼을 포기하지 않겠다고 나선 것입니다.

"장춘 씨, 저는 당신을 진심으로 사랑합니다. 가족들이 뭐라고 해도 저는 당신과 결혼할 거예요."

고하루는 가족들의 거친 반대를 무릅쓰고 마침내 우장춘과 결혼을 했어요. 장춘은 고하루의 이런 행동을 통해 큰 위로를 받았답니다.

장춘 또한 항상 다른 사람의 입장에서 생각할 줄 아는 사람이었어요. 장춘이 결혼한 뒤에도 1주일 정도 고하루를 만나지 않았다는 재미있는 이야기가 전해져 옵니다.

여자가 결혼을 하고 나서 모든 환경이 갑자기 바뀌면 몹시 당황할 것이므로 아내에게 적응할 시간을 주기 위해서였다는 거예요. 장춘은 이렇게 다른 사람의 입장을 보살펴 주고 마음을 써 주는 사람이었지요.

아버지도 없이 홀어머니 밑에서 외롭게 자란 장춘은 결혼을 하고 가정을 꾸린 뒤로 마음이 훨씬 편안해졌어요. 덕분에 연구에 더욱 몰두할 수 있게 되었지요.

장춘은 피튜니아라는 꽃에 대해 연구를 하면서, 다른 한편으로는 나팔꽃에 관한 박사 학위 논문을 부지런히 준비해 나갔습니다.

결혼한 지 2년이 지난 1926년에 큰딸이 태어났어요. 그해 여름 장춘은 식구들을 데리고 농사 시험장에 있는 숙소로 이사를 했습니다. 혼고에 있는 집에서 시험장까지 출퇴근하는 시간을 줄여 연구에 더욱 몰두하기 위해서였지요.

장춘은 집에서도 밤을 새워 나팔꽃 연구에 몰두하는 일이 많았답니다. 한밤중에 아기가 울면 고하루는 아기를 업고 밖으로 나가 울음을 그칠 때까지 돌아다녔어요. 남편의 연구에 방해되지 않기 위해서였지요.

장춘은 한번 일을 시작하면 세상일을 완전히 잊고 그것에 몰두했습니다.

한번은 고하루가 요리를 하다가 불을 끄는 것을 잊어버려 음식이 모두 타 버렸어요. 집 안이 온통 연기와 타는 냄새로 가득했지요. 놀란 고하루가 서둘러 불을 끄고 창문을 열어 환기를 하는 등 소란을 피웠어요.

연구 중인 남편에게 미안했던 고하루가 장춘에게 다가가 말했습니다.

"여보, 미안해요."

"뭐가 미안하단 말이오?"

"아니, 제가 음식을 태워 온 집 안이 연기로 가득 찼는데도 모르고 계셨단 말이에요?"

"오, 그러고 보니 방 안에 연기가 꽉 찼구려. 불을 껐으면 되었소. 나가 보시오."

장춘은 아무 일 없었다는 듯이 연구를 계속했어요. 남편의 집중력에 놀란 고하루는 입을 다물지 못한 채 멍하니 서 있었지요.

집에서 잠을 자다가도 바람이 심하게 불거나 비가 많이 오면 장춘은 시험장으로 달려갔어요. 연구 중인 식물들이 상할까 염려가 되었던 것입니다.

그렇게 열심히 나팔꽃을 연구한 결과, 1930년 무렵 장춘은 드디어 박사 학위 논문을 완성했어요. 이제 논문을 학교에 제출하여 심사를 받아 통과만 되면 박사가 되는 것이었어요.

논문을 완성하기까지 그 힘들었던 시간들이 장춘의 머릿속을 아득하게 스쳐 지나갔어요. 논문을 준비하느라 식구들과 어울리지도 못했지요.

장춘은 이 소중한 논문을 그동안 자신을 뒷바라지하느라 고생한 아내에게 보여 주고 싶었어요. 연구 자료들과 함께 논문을 가방에 집어넣으려는 순간, 다음 날 아침 시험장에 다시 들러야 한다는 생각이 들었어요. 그래서 자료들과 논문을 연구실에 둔 채 집으로 갔습니다. 논문이야 나중에 통과된 다음에 보여 주어도 상관없다고 생각한 것이지요.

그런데 그날 밤 시험장에 불이 나고 말았어요. 나중에 밝혀진

바에 의하면 불의 원인은 누전(전기가 새는 것) 때문이었어요.

연락을 받은 장춘은 곧바로 시험장으로 달려갔습니다. 하지만 장춘이 도착했을 때는 이미 연구실은 물론 시험장 본관 전체가 시뻘건 불길에 휩싸여 있었어요. 밤하늘 위로 불씨들이 미친 듯이 날아다니고, 연기가 하늘을 찌를 듯 치솟았지요.

장춘은 그제야 자신의 논문이 그 건물 안에 있다는 생각이 났습니다. 급한 마음에 장춘이 불길 속으로 뛰어들려고 했어요.

"내 논문! 내 박사 학위 논문이 저 안에 있단 말이오."

놀란 친구들이 옆에서 장춘을 붙들었어요. 그대로 불 속에 뛰어들었다가는 목숨을 잃을 것이 뻔했으니까요. 장춘은 몸부림을 치며 발을 동동 굴렀지만 소용이 없었어요.

수년 동안 피땀 흘려 완성한 박사 학위 논문이 하룻밤 사이에 잿더미로 변해 버렸습니다. 자료까지 다 타 버려서 논문을 다시 쓸 수도 없게 되었어요.

이 불로 충격을 받은 사람은 장춘만이 아니었어요. 장춘의 아내는 얼마나 놀랐는지, 잘 나오던 젖이 갑자기 멈춰 버려 당시 갓난아기였던 셋째 딸에게 젖을 먹이지 못할 정도였어요.

그러나 장춘은 이 모든 괴로움을 가슴 깊이 묻었어요. 실망하는

모습을 가족들에게 보여 주고 싶지 않았던 것입니다.

장춘은 곧바로 다른 박사 학위 논문을 준비하기 시작했습니다.

그러던 어느 날, 마쓰시마 쇼조라는 사람이 시험장에 새로 들어왔어요. 마쓰시마가 시험장에 들어온 이유는 간단했어요. 당시 교토 대학의 기하라 히토시 교수가 밀의 게놈에 관한 논문을 발표해 세계적으로 유명해졌는데, 그것을 배우기 위해서였지요.

게놈이란 생물이 살아가는 데 필요한 기본수로 이루어지는 한 쌍의 염색체를 말해요. 염색체란 분열하는 세포 속에 있는 실이나 막대기 모양의 물질을 뜻하지요. 이 염색체들은 세포 안에 일정한 형태로 배열되어 있으며, 이것이 바로 생물의 유전이나 성(암컷, 수컷)을 결정한답니다.

하루는 마쓰시마가 씩씩거리며 장춘의 방으로 뛰어들어 왔습니다. 단단히 화가 난 얼굴이었지요.

"정말이지 너무 짜증이 나요."

"왜 그래요? 무슨 일이에요?"

장춘은 궁금해 물었어요.

"당장 때려치우고 그만둘까 봐요."

"많이 힘듭니까?"

"그게 아니고요. 저는 게놈을 연구하기 위해 이곳에 왔는데, 그건 가르쳐 주지 않고 하루 종일 밀 종자나 세라고 하지 않습니까."

"밀 종자나 센다는 말이 무슨 뜻인가요?"

장춘은 이미 다 알고 있다는 듯 되물었어요.

"선생님께서 게놈을 분석하는 것은 가르쳐 주지 않고, 매일 밀알 1000개를 세라고 하시잖아요. 벌써 며칠째인지 몰라요. 내가 초등학생도 아니고, 이 연구실에 와서 밀알이나 세고 있으니 너무 한심해서요."

장춘은 껄껄 웃었어요.

"아니, 왜 웃어요? 남은 지금 기분이 나빠 죽겠는데."

장춘은 웃음소리를 낮추고 대답했어요.

"마쓰시마 씨, 제 얘기를 들어 보세요. 밀의 게놈을 분석하는 것은 굉장히 어렵고, 또 엄청난 정확성을 요구하는 일입니다. 밀 종자를 1000개씩 세는 일이 아주 하찮은 것 같지만, 그런 일을 정확히 해내지 못하면 밀의 게놈을 분석할 수 없어요. 선생님께서 모든 일을 정확히 하는 습관을 들이기 위해 일부러 그러시는 겁니다."

장춘의 이야기를 들은 마쓰시마는 망치로 머리를 얻어맞은 듯, 갑자기 정신이 번쩍 들었어요.

"그런 깊은 뜻이 있었군요."

장춘은 고개를 끄덕이며 말을 이었어요.

"끝없는 훈련을 거치지 않고 이루어지는 일은 없습니다. 밀알은 쌀알처럼 작은데, 정확히 1000개를 센다는 것이 쉬운 일은 아니지요. 그것을 한 번도 틀리지 않고 정확히 셀 수 있다면, 더 어려운 일을 하더라도 실수하지 않을 것입니다. 새롭고 기발한 생각들도 이런 훈련이 쌓이지 않으면 결코 떠오르지 않습니다. 문제는 재능이 아니라 끊임없는 노력과 훈련이니까요."

마쓰시마는 이 말을 평생의 좌우명으로 삼았답니다.

장춘은 이렇듯 주위 사람들에게 늘 힘이 되어 주곤 했어요. 또 사람들과 어울리는 것도 무척 좋아했답니다. 그래서 사람들을 집으로 자주 초대했는데, 아내는 요리 솜씨가 뛰어나 양과자, 단팥죽, 슈크림 등을 정성껏 준비해 대접했어요.

장춘이 사람들을 얼마나 자주 집으로 초대했는지, 고하루는 월급날이면 우선 한 달 동안 손님들에게 대접할 설탕, 밀가루, 콩 등 음식 재료부터 사다 놓아야 했답니다. 술을 잘 마시지 못했던 장춘은 술 대신 맛있는 음식을 준비해 사람들과 나누어 먹으며 지내는 것을 무척 좋아했지요.

식사를 끝내면 장춘은 손님들과 가끔 바둑이나 장기를 두기도 했습니다.

어느 날, 집에 온 손님과 바둑을 두고 있을 때였어요. 아까부터 장춘은 바둑을 두며 옆에 있는 흰 종이에 무언가를 자꾸 끼적였어요. 이를 이상하게 여긴 손님이 종이를 보니, 바둑판이 정확하게 그려져 있었어요.

"아니, 바둑 두면서 무얼 하시는 겁니까?"

"바둑에도 나름의 원리가 있습니다. 선생님과 제가 바둑돌을 놓을 때마다 그것을 수학적으로 계산하는 것이지요. 그러면 길이 조금 보입니다."

"그렇다면 우 선생님께서 저에게 확실히 이긴다는 보장이 있습니까?"

"반드시 그런 것은 아닙니다만, 적어도 이길 확률을 높일 수는 있지요."

"아니, 우 선생님은 바둑도 과학을 연구하듯 두시는군요."

"하하하, 그런가요?"

장춘은 바둑과 장기 같은 놀이를 할 때도 그것을 수학적으로 계산해 볼 정도로 과학적인 정신을 가진 사람이었어요. 밤에 잠을

잘 때도 머리맡에 항상 메모지와 볼펜을 준비해 놓았답니다. 자다가 꿈속에서라도 좋은 생각이 나면 그것을 얼른 적어 놓기 위해서였지요.

장춘은 농사 시험장의 유채 씨앗 연구실 실장이었어요. 이 연구실에는 나가마쓰, 미즈시마, 샤큐도 등 다른 연구원들도 있었는데, 이들은 모두 나중에 각각 규슈 대학, 동북 대학, 교토 대학의 교수가 될 정도로 훌륭한 육종학자들이었지요.

그 가운데 특히 나가마쓰와 미즈시마는 우장춘의 연구를 바로 옆에서 도왔답니다. 과학자들은 실험을 해야 하기 때문에 무슨 연구든 혼자 힘으로 할 수가 없는데, 우장춘은 실장으로서 연구를 이끌고, 다른 연구원들이 서로 토론을 하며 장춘의 연구를 도왔던 것이지요.

장춘은 나가마쓰, 미즈시마와 1주일에 한 번씩 만나 그동안의 연구 결과를 토론하고 검토했어요. 토론을 할 때는 서로 한 치의 양보도 없이 잘못을 짚어 냈습니다. 과학의 세계는 무엇보다도 정확성이 생명이기 때문이었지요.

다른 종류의 씨앗을 서로 교배시키는 일은 주로 나가마쓰가 맡았습니다. 교배시킨다는 것은 서로 다른 종자를 접붙여 새로운 종자를 만들어 내는 것을 말합니다. 미즈시마는 현미경을 이용해 씨앗의 염색체를 관찰하는 일을 도왔습니다. 장춘의 지도 아래 연구는 착착 진행되었어요.

6년여의 길고도 어려운 과정을 거쳐 마침내 장춘의 박사 학위 논문이 완성되었어요.

1935년 가을 어느 날, 장춘은 미즈시마와 함께 도쿄 제국 대학에 논문을 제출했습니다.

학교에서 나온 두 사람은 다방에 들어갔어요. 차가 나오기를 기다리며 장춘이 말했어요.

"미즈시마, 고맙네. 자네와 나가마쓰가 없었다면 이 논문은 완성될 수 없었을 걸세."

장춘은 눈물을 흘렸습니다. 다 완성된 논문이 불에 타 버린 일이 생각났기 때문입니다.

"우 선생님, 그동안 정말 고생 많이 하셨습니다. 나가마쓰와 제가 아니었더라도 선생님은 박사 학위를 받으셨을 것입니다."

우장춘의 박사 학위 논문은 〈브라시카속에 있어서 유채의 실험적 합성 및 특유의 수정 양식과 관련한 게놈 분석〉이란 것이었어요. 심사를 거쳐 이듬해인 1936년 봄에 박사 학위를 받았지요. 제

목조차 어려운 이 논문은 그 뒤 줄여서 '종의 합성'이라고 불린답니다.

이 논문은 양배추와 재래종 씨앗을 교배시켜 새로운 식물을 만들어 내는 원리에 관한 것입니다. 양배추의 염색체는 9개인데, 재래종의 염색체는 10개입니다. 그런데 이 둘을 교배시켜 새로운 씨앗을 만들어 냈더니, 그것의 염색체 수는 둘을 합친 수, 즉 19개였어요. 그런데 이 숫자는 서양 유채 씨앗의 염색체 수와 같았습니다. 결국 우장춘은 양배추, 재래종, 서양 유채 씨앗이라는 세 품종의 세포학적인 관계를 밝혀낸 것입니다. 그래서 장춘의 박사 논문을 '종의 합성'이라고 부르거나 아니면 '우장춘의 트라이앵글(삼각형)'이라고 부르는 것이랍니다.

어렵지만 잘 생각해 보면 내용을 이해할 수 있습니다. 훌륭한 농작물을 얻으려면 여러 품종의 씨앗을 교배시켜서 각 품종이 가지고 있는 좋은 특징들만 이어받은 새로운 씨앗을 만들어 내야 합니다.

그런데 이렇게 교배를 통해 새 씨앗을 만들면, 그 씨앗은 보통 생식력(새끼를 낳을 수 있는 능력)이 없어지고 맙니다. 사자와 호랑이를 교배시켜 라이거를 만들어 내도 이 라이거가 다시 라이거를 낳을 수 없는 것과 같은 이치이지요. 그러니 1차 교배만으로는 아무런 소용이 없는 거예요.

하지만 우장춘은 양배추와 재래종을 결합해 새 씨앗을 만들어 내고, 그 씨앗이 생식력을 갖도록 하는 새로운 방법을 찾아낸 것입니다. 이것은 거의 기적에 가까운 일이었어요. 우장춘의 능력을 과장하여 '신의 손'이라고 부르는 사람들도 있을 정도였지요.

전 세계의 식물학계에 우장춘의 이름이 널리 알려졌어요. 이제 유전과 염색체를 연구하는 학자치고 그의 이름을 모르는 사람이 거의 없게 되었지요. 이 논문은 외국의 생물학이나 유전학 교과서에 거의 빠지지 않고 소개되어 있을 정도랍니다. 찰스 다윈의 진화론을 뛰어넘어 그것을 일부 수정했을 정도로 훌륭한 논문이었기 때문입니다.

1968년 무렵, 그러니까 우장춘이 박사 학위를 받고 나서 32년이 지난 다음의 이야기입니다.

최정일 박사라는 사람이 어떤 일로 뉴질랜드에 있는 링컨 대학의 팔머 교수를 만나러 간 적이 있다고 합니다. 최정일 박사는 우장춘 박사가 한국에 돌아와 연구를 할 때, 그를 도와 함께 일한 우장춘 박사의 제자입니다.

팔머 교수가 최정일 박사에게 말했습니다.

"반갑소. 당신이 한국인으로서는 이 연구실에 찾아온 첫 번째 사람이오. 그런데 혹시 한국의 닥터 우라는 사람을 아시오?"

"닥터 우라니요? 우장춘 박사님을 말씀하시는 것입니까?"

"그렇소."

"알다마다요. 그분은 제 스승님이십니다."

"아니, 그렇습니까? 세상에 이런 일이……. 정말 반갑습니다."

팔머 교수는 놀랍고 반가워 얼굴이 붉어진 채 자신의 책꽂이로 가더니 몇 권의 책을 꺼내 왔습니다.

"최 박사님, 저는 영국의 명문 옥스퍼드 대학을 졸업했습니다. 그런데 그 대학의 육종학 연구실에서는 해마다 졸업생들에게 세계 여러 나라의 학자들이 발표한 논문 가운데 가장 훌륭한 논문 열 편을 뽑아 선물로 주지요. 이 책들이 바로 그것들이랍니다."

팔머 교수는 그 가운데에서 얼마나 많이 읽었는지 반들반들해진 책 한 권을 들어 최 박사에게 건넸어요. 최 박사는 그 책을 받아 펼쳐 보았습니다. 놀랍게도 그것은 우장춘의 박사 논문집이었어요.

팔머 교수가 웃으면서 말했습니다.

"닥터 우의 논문은 육종학에 있어서는 거의 철칙과도 같은 것이지요. 아직까지 닥터 우의 논문보다 더 훌륭한 논문은 없습니다."

팔머 교수는 최 박사를 실험실로 데리고 갔어요. 팔머 교수는 그곳에서 우장춘의 '종의 합성' 이론을 바탕으로 한 여러 가지 실험을 진행하고 있었답니다.

농사 시험장을 그만두다

박사 학위를 받고 세계적인 학자가 된 우장춘은 농사 시험장에서 연구를 계속했습니다.

그런데 마음속 깊은 곳에 고민이 있었어요. 유채 씨앗 연구실 실장으로 오랫동안 일을 해 왔음에도 불구하고 자신에 대한 대우가 전혀 나아지지 않았던 거예요.

당시 시험장 안에는 기수, 기사, 서기 등 여러 직책이 있었어요. 우장춘은 유채 씨앗 연구실 실장으로서, 기사들이 하는 일을 한 지 이미 오래되었고, 박사 학위를 받아 세계적인 학자가 되었음에도 계속 기수로 남아 있었던 것입니다.

겉으로 내놓고 말은 하지 않았지만, 우장춘은 이것이 조선 사람에 대한 차별이라는 생각이 자꾸 들었어요. 물론 그렇다고 해서 우 박사가 높은 자리를 탐내는 사람은 아니었어요.

한국에 돌아와 농업 과학 연구소 소장으로 일할 때, 이승만 대통령이 사람을 보내 그에게 농림부 장관으로 일해 달라고 한 적이 있습니다. 그러나 우 박사는 너털웃음을 치며 그 부탁을 정중히 거절했어요. 우장춘 박사가 높은 자리를 탐내는 사람이었다면, 그런 제안을 거절했을 리가 없겠지요.

그렇다면 우 박사는 왜 그런 불만을 가졌던 것일까요? 물론 자신의 욕심 때문은 아니었어요. 그는 무엇보다 조선 사람으로서 차별 대우를 받는 것을 참을 수 없었던 것입니다. 충분한 자격이 있음에도 불구하고 그에 걸맞은 대우를 받지 못하자, 우 박사는 그것이 자신이 조선 사람이기 때문에 받는 차별이라고 생각하게 된 것이지요.

우 박사는 시험장의 소장을 찾아갔습니다.

"저를 중국 칭다오의 목화 농장으로 보내 주십시오."

"아니, 왜 그러시오?"

"그곳에서 농장장으로 일할 수 있게 해 주시면 고맙겠습니다."

"그곳에 가면 불편한 점이 한둘이 아닐 텐데요?"

"상관없습니다. 뭔가 새로운 일을 하고 싶을 따름입니다."

"그럼 한번 생각을 해 보겠습니다만……."

소장은 일단 우장춘에게 중국 칭다오에 있는 목화 농장을 둘러볼 기회를 주기로 했습니다.

농림성 관계자들에게 우장춘은 이제 불편한 존재가 되어 있었어요. 박사가 되고 그의 논문이 세계적으로 인정받게 되었으니, 그를 언제까지나 기수로 대우할 수는 없었기 때문입니다. 그렇다고 조선 사람의 성을 사용하는 그에게 일본 사람과 같은 대접을 해 주기도 싫었던 것이지요.

얼마 뒤 우장춘은 칭다오에 있는 목화 농장을 둘러보게 되었어요. 칭다오로 가는 길은 멀고도 멀었습니다. 우선 배를 타고 일본에서 부산까지 가야 했어요. 부산에서 기차를 타고 경성(서울의 옛 이름)을 거쳐 신의주까지 올라가 다시 중국으로 넘어가야 했지요. 길고도 힘든 여행길이었어요.

그러나 장춘은 가슴이 벅차올랐습니다. 칭다오에 있는 목화 농장 때문만은 아니었어요. 칭다오에 가기 위해서였지만, 사실은 태어나 처음으로 아버지의 나라 조선을 지나갈 수 있어서였습니다.

부산항에 내리니 오가는 사람이 무척 많았습니다. 일본 헌병들이 말을 타고 다니며 조선 사람들을 무슨 범죄자 대하듯 험하게 다루는 모습이 보였어요. 일본 헌병들이 호각을 불며 소리라도 질러 대면, 조선 사람들은 찡그린 얼굴을 하고 마지못해 슬슬 피하는 것이었어요. 우 박사는 가슴이 답답해 왔습니다.

'여기는 내 나라 조선이다. 조선의 주인은 마땅히 조선 사람들인데, 엉뚱하게도 일본 사람들이 주인 노릇을 하고 있다니.'

우 박사는 같은 조선의 피를 가진 동포들이 당하는 괴로움을 몸소 느낄 수 있었어요. 서울로 가는 기차 밖으로 초라한 조선 농촌 모습이 휙휙 지나갔습니다. 흰옷을 입고 일하러 가는 사람들의 어깨는 축 처져 있었고, 제대로 먹지 못해서인지 걸음걸이에는 힘이 하나도 없었어요.

서울역에 내려 신의주로 가는 기차를 타기 위해서는 하루를 기다려야만 했습니다. 서울역 광장으로 나오자 여기저기서 거지들이 구걸을 하려고 달려들었어요. 모두들 뼈만 앙상하게 남아 있고, 다 해진 옷 사이로 드러나는 다리에는 종기가 돋아 피고름이 얼룩져 있었어요. 우 박사는 꼭 필요한 돈만 남기고 그들에게 가진 돈을 전부 나누어 주었어요.

여관방도 초라하기 짝이 없었어요. 천장에는 여기저기 쥐 오줌이 얼룩져 있고, 이불은 지저분하기 이를 데 없었지요.

우 박사는 잠이 오지 않았어요.

'아버지의 나라, 그리고 내 나라인 조선을 위해 뭔가를 해야 해. 언젠가는 조선으로 돌아와야겠다. 돌아오고 말 거야. 조선 사람들이 제대로 먹고살 수 있도록 새로운 씨앗을 만들어 내지 않으면 안 돼.'

다음 날 칭다오로 향한 우 박사는 그곳에서 많은 생각을 했습니다. 칭다오의 목화 농장에서는 나름대로 할 일이 많아 보였어요. 우 박사는 농사 시험장에서 차별 대우를 받느니 차라리 그곳에서 당당하게 일하는 것이 훨씬 낫다는 생각이 들었습니다.

"칭다오의 목화 농장은 앞날이 아주 밝습니다."

우 박사는 칭다오에서 돌아온 뒤 농사 시험장 사람들에게 이렇게 말했어요.

농림성에서 우 박사를 칭다오의 농장장으로 보내는 문제를 놓고 회의가 열렸어요. 그러나 반대하는 의견이 더 많았습니다. 칭다오에 가면 중국 사람을 다루어야 하는데, 중국 사람들 중에는 조선 사람을 업신여기고 깔보는 사람이 많아 우 박사가 그들을 다

스릴 수 없다는 것이었어요.

　결국 우 박사는 조선 사람이라는 이유 때문에 농림성으로부터 칭다오 농장장 허가서를 받을 수 없게 되었어요. 조선 사람이라는 이유로 또다시 뜻을 이루지 못하고 주저앉게 된 것입니다.

　우 박사는 더 이상 참을 수가 없었어요. 당장이라도 조선으로 돌아가고 싶었습니다. 그러나 일본의 식민지인 조선으로 간다 한들 뾰족한 수도 없었어요. 조선이 일본의 식민지이기 때문에 그곳에서 일을 해도 결국은 일본을 위해 일을 하는 셈이니까요.

　'우리나라가 빨리 일본의 손아귀에서 벗어나야 해. 아, 어서 빨리 그날이 왔으면······.'

다키이 종묘 회사에서 일하다

우장춘 박사가 칭다오로 가는 것마저 거부당하자, 시험장에서는 뒤늦게 기수에서 기사로 그의 직급을 올려 주었어요. 그러나 우 박사는 그 다음 날 바로 농사 시험장을 그만두었답니다. 늦더위가 기승을 부리던 1937년 8월 말이었지요.

다행히 우 박사는 곧 교토에 있는 다키이 종묘 회사의 농장장이 되었어요. 종묘 회사란 농작물의 씨앗을 길러서 판매하는 회사랍니다. 다키이 종묘 회사는 씨앗을 길러 내고 좋은 씨앗을 만들기 위해 자체의 연구 농장을 가지고 있었어요. 우 박사는 그 연구 농장의 농장장이 된 거였지요.

다키이 사장이 우 박사를 모셔 간 것은 우 박사가 〈종의 합성〉 논문으로 유명해졌을 뿐만 아니라, 피튜니아라는 꽃과 관련해 큰 업적을 쌓아서였어요. 피튜니아는 분홍색, 보라색, 흰색, 빨간색 등 색깔이 여러 가지인 아주 예쁜 꽃이에요. 전 세계적으로 많은 사람에게 사랑받는 꽃이지요.

다키이 사장이 우 박사를 찾아와 농장장으로 일해 달라고 부탁했을 때의 일입니다. 우 박사는 왜 능력도 없는 자신을 데려가려 하느냐 겸손히 물었지요. 다키이 사장은 기다렸다는 듯이 대답했습니다.

"박사님께서 완성하신 겹꽃 피튜니아 덕분에 사카다 종묘 회사가 떼돈을 벌었다는 것은 세상이 다 아는 이야기입니다."

우 박사는 1929년 무렵부터 피튜니아에 관한 논문을 여러 편 발표했습니다. 그 가운데 가장 중요한 논문은 1930년에 발표한 〈피튜니아에 있어서의 겹꽃의 유전〉이라는 논문이지요.

원래 피튜니아는 겹꽃보다는 홑꽃이 훨씬 흔했습니다. 홑꽃은 하나의 꽃잎으로 이루어진 꽃이고, 겹꽃은 여러 겹의 꽃잎으로 되어 있는 꽃을 말합니다. 홑꽃보다 겹꽃이 훨씬 더 아름다워서 사람들이 겹꽃을 더 좋아하고 많이 찾았답니다.

물론 우 박사가 이 논문을 발표하기 전에도 겹꽃 피튜니아가 없었던 것은 아니에요. 다만 겹꽃 피튜니아가 흔하지 않았던 것이지요.

게다가 우 박사가 이 논문을 완성하기 전에는, 겹꽃 피튜니아의 씨앗을 받아 심어도 그 가운데 절반 정도만 겹꽃으로 자라고 나머지는 모두 홑꽃으로 자라는 씨앗들밖에 없었어요.

그런데 사카다 종묘 회사가 우 박사의 이론을 이용해 완벽한 겹꽃 피튜니아 씨앗을 만들어 내는 데 성공했던 것입니다.

사실 사카다 종묘 회사는 우 박사의 이론을 실제로 적용했을 뿐입니다. 우 박사의 논문이 이미 모든 방법을 다 알려 준 셈이고, 종묘 회사는 그것을 그대로 따라 한 것이지요.

우 박사를 농장장으로 모셔 간 다키이 종묘 회사의 기록에는, 우 박사가 세계에서 가장 먼저 완전한 겹꽃 피튜니아를 만들어 낸 사람이고, 그래서 그를 농장장으로 초대했다고 쓰여 있답니다.

그럼에도 불구하고 우 박사는 사카다 종묘 회사에 아무런 대가도 요구하지 않았어요. 사카다 사장이 우 박사 가족을 자신의 별장으로 초대하면 가서 그저 즐겁게 대화를 나누다 올 뿐이었지요.

겹꽃 피튜니아와 관련된 재미있는 일화가 있어요.

우 박사가 한국으로 돌아와 한국 농업 과학 연구소 소장으로 일할 때였지요.

어느 날 이곳의 직원이던 김태욱이라는 사람이 온실을 둘러보고 있었어요. 그런데 미군 대령 한 명이 찾아와 온실을 구경하고 싶다고 했습니다. 직원은 기꺼이 허락해 주었지요.

대령은 온실 안을 여기저기 구경하다가 겹꽃 피튜니아가 아름답게 피어 있는 것을 보았어요. 그는 얼굴 가득 웃음을 머금고 직원에게 물었어요.

"이것은 겹꽃 피튜니아인데, 혹시 이 꽃을 만든 사람이 누구인지 아세요?"

김태욱은 물론 우 박사가 그것을 만들어 냈다는 것을 이미 알고 있었지요. 하지만 대령이 그것을 제대로 알고 있는지 궁금해 재미 삼아 되물었어요.

"누가 이 꽃을 만들었습니까?"

"이 꽃은 닥터 우라는 분이 만들었어요. 그래서 사람들이 '닥터 우의 꽃'이라고 부르지요."

대령은 자신 있게 대답하더니 이어서 말했어요.

"나는 미국에서 농과 대학을 나왔습니다. 졸업 논문을 닥터 우의 피튜니아 이론에 대해 썼지요. 닥터 우는 세계적으로 유명한 육종학자인데, 일본 사람입니다."

직원은 우 박사가 일본 사람이라는 말을 듣고 말했어요.

"닥터 우는 일본 사람이 아니라 한국 사람입니다."

대령이 껄껄 웃으며 대꾸했어요.

"농담이겠지요. 그분은 일본 사람입니다."

그러자 직원이 다시 말했습니다.

"그분은 한국 사람이에요. 바로 이 시험장의 소장님이지요."

"정말입니까?"

대령은 믿을 수 없다는 듯 직원을 쳐다보았습니다. 그러더니 닥터 우를 만나게 해 달라고 부탁했어요. 직원은 그를 우 박사에게 데리고 갔습니다.

그 뒤 대령은 열흘이 멀다 하고 우 박사를 찾아왔고, 깍듯이 예의를 갖추어 우 박사를 대했답니다.

다키이 종묘 회사에서 일하게 된 우 박사는 회사로부터 아주 훌륭한 대접을 받았어요. 회사에서 아주 큰 집도 마련해 주었지요. 제자들을 비롯해 수많은 사람이 이 집을 드나들었어요. 아내 고하루는 변함없이 웃는 낯으로 손님들을 대접했고요.

1938년에는 큰아들 모토하루가 태어났고, 그로부터 4년 뒤에는 둘째 아들도 태어났습니다. 나중에 우박사와 고하루 사이에는 6명의 자식이 생겼습니다.

온 집 안이 하루 종일 시끄럽고 떠들썩했어요. 그래도 우 박사는 이를 싫어하기는커녕 몹시 즐거워했답니다. 아무리 바빠도 저녁 식사는 가족들과 함께하려고 노력했지요. 어려서 외롭게 자란 우 박사에게는 북적대는 가족들이 무척이나 소중했답니다.

우 박사에게 가족의 소중함을 더욱 절실히 깨닫게 해 준 일이 있었어요.

새와 동물을 좋아한 우 박사는 집에서 카나리아를 많이 기르고 있었어요. 우 박사가 집에 없던 어느 날이었어요. 당시 대여섯 살밖에 안 된 큰아들 모토하루가 새 먹이를 주기 위해 새장을 여는 순간, 카나리아 한 마리가 그 틈을 이용해 잽싸게 날아가 버렸습니다.

집에 돌아와 새가 없어진 사실을 안 우 박사가 어린 아들을 호되게 야단쳤어요. 그러자 모토하루는 큰 소리로 울었답니다.

다음 날, 우 박사의 어머니는 새장 안에 있는 새들을 모두 날려 보냈습니다.

"새를 귀여워하는 것도 좋지만, 그것 때문에 어린 아들을 꾸짖어서는 안 되지. 내가 날려 보냈다고 하면 아비도 아무 소리 못할 것이다."

어머니는 단호하게 말했어요. 집으로 돌아온 우 박사는 자신의 잘못을 깨닫고 어머니에게 용서를 빌었지요. 그 뒤로 우 박사는 가족을 더욱 사랑하게 되었답니다.

다키이 농장에서도 우 박사는 뛰어난 연구를 계속했어요. 《육종과 원예》라는 학술 잡지를 만들고, 그 잡지에 겹꽃 피튜니아에 관한 연구 결과를 계속 발표했습니다. 또한 우수한 농작물을 많이 생산할 수 있는 씨앗을 개발하기 위해 끊임없이 노력했답니다.

다키이 농장에서의 연구들은 나중에 우 박사가 한국에 돌아와 진행한 연구들과 겹치는 것이 많아요. 이는 결국 다키이 농장에서의 모든 연구가 실은 한국에서의 활동을 위한 준비였음을 보여 주는 것입니다.

다키이 농장에는 기숙사가 있었는데, 그곳에 조선 청년들도 대여섯 명이 있었어요. 그런데 우 박사가 1주일에 한 번씩 기숙사를 찾아가 조선 청년들을 대상으로 강의를 한다는 소문이 떠돌았습니다.

다카하시라는 한 일본 사람은 그것이 농학에 관한 강의인 줄 알고 자기도 함께하고 싶어 했어요. 그러자 다른 친구가 그에게 말했습니다.

"그런 곳에는 절대 끼어들지 않는 게 좋아. 이 사람아, 농학 강의를 한다면 왜 조선 학생들만 모아 놓고 하겠나?"

우 박사는 그때부터 조국의 해방을 조용히 준비하고 있었던 것입니다. 조선 학생들을 모아 놓고, 지금은 비록 조국이 일본의 식민지이지만 언젠가는 반드시 해방될 것이고, 그때에 조국을 위해 일할 것에 대비해 열심히 배워야 한다고 가르치고 있었던 거예요.

농장의 조선 학생들은 우 박사를 스승으로 모시고 따랐습니다. 그리고 언제일지 모르지만 조국에 돌아가 조국의 농학 발전을 위해 온몸을 바쳐 일하리라 다짐했지요.

겹꽃이라 더 예쁜 피튜니아 이야기

　우리가 화단에서 흔히 볼 수 있는 피튜니아는 원래 홑꽃이었어요. 홑꽃 피튜니아는 포기가 작고 예쁘지 않아서 사람들에게 인기가 없었답니다. 이전에도 피튜니아를 개량했지만 반 정도만 겹꽃이 피었어요. 이런 피튜니아를 개량해서 지금처럼 널리 보급시킨 사람이 바로 우장춘 박사예요.

　우장춘 박사는 피튜니아를 연구해서 유전 인자를 개량했어요. 교배 육종을 통해서 100% 겹꽃이 피는 피튜니아 종을 개발했지요. 그 연구 결과가 바로 〈피튜니아에 있어서의 겹꽃의 유전〉이라는 논문이랍니다.

　우 박사의 연구 덕분에 겹꽃 피튜니아는 크고 화려하며 색깔도 다양해졌어요. 사람들은 새로 만들어진 피튜니아의 아름다운 모습에 놀랐고, 미국의 종자 회사에서는 서로 겹꽃 피튜니아를 사고 싶어 했어요. 당시 우장춘 박사가 만들어 낸 품종을 취급했던 종묘상이 갑자기 부자가 되었을 정도지요. 그래서 겹꽃 피튜니아는 '우장춘의 꽃'이라는 이름까지 갖게 되었답니다.

　피튜니아가 처음 우리나라에 들어왔을 때는 '나팔꽃을 닮은 꽃'이라고 불렸어요. 많은 사람이 좋아하게 되면서부터 피튜니아라는 이름으로 알려지게 되었답니다. 피튜니아는 건조한 날씨에 강한 꽃이에요. 그러므로 물을 줄 때는 꽃이 물에 젖지 않도록 주의하고, 약간 메마른 듯이 길러야 해요.

해방, 그리고 조국 대한민국으로 오다

1945년 8월 15일 낮 12시, 일본의 국왕은 라디오 방송을 통해 떨리는 소리로 항복문을 읽어 나갔습니다. 미국을 중심으로 한 연합군과의 전쟁에서 일본이 패배한 것을 공식적으로 받아들인다는 내용이었지요.

우리나라가 1910년 한일합방 이후 36년에 걸친 잔인하고도 지긋지긋한 일본의 속박으로부터 완전히 벗어나는 순간이었어요.

해방의 소식을 들은 조선 사람들은 모두 길거리로 뛰쳐나왔습니다. 커다란 북을 두드리는 사람들, 좋아서 소리를 지르는 사람들, 아리랑을 부르며 우는 사람들, 꽹과리를 치는 사람들, 장구를

치는 사람들, '대한 독립 만세'라고 쓰인 흰 천을 휘두르며 거리를 뛰어다니는 사람들로 조선의 거리는 온통 축제 분위기였지요. 독립 운동을 하다가 감옥에 갇혔던 사람들도 모두 풀려나 자유의 몸이 되었고요. 그 숫자가 무려 2만 명이 넘었답니다.

한편 일본에서는 길거리 여기저기에서 일본 사람들이 무릎을 꿇고 땅을 치며 큰 소리로 울었어요. 아마도 똑같은 시각에 일본 사람들이 한꺼번에 울음을 터뜨린 것은 그것이 처음이자 지금까지는 마지막일 것입니다.

우 박사는 억눌렸던 마음 한구석이 갑자기 환해지는 것 같았어요. 어려서부터 조선 사람이라는 이유로 받아 온 온갖 설움이 한꺼번에 밀려왔지요.

그는 눈시울을 적시며 다짐했습니다.

'이제 드디어 때가 왔다. 하루빨리 조국으로 가서 일해야지.'

해방이 되고 나서 얼마 뒤 우 박사는 다키이 종묘 회사 농장장 자리를 그만두었어요. 기록에 의하면 1945년 9월 2일 그만둔 것으로 되어 있으니, 조국이 해방된 지 채 20일도 지나지 않아서입니다.

회사를 그만두기 얼마 전에 이미 교토 근처에 있는 장법사라는 절의 별채를 얻어 이사한 우 박사는 어떻게 하면 조국으로 돌아갈 수 있을까 궁리했습니다.

그러나 조선은 해방 뒤 더 큰 혼란에 빠지고 말았어요. 일본으로부터 해방되자 이번에는 중국과 소련, 미국이 각기 자기 나라의 이익을 노리며 달려들기 시작한 것입니다. 정치인들은 서로 제 입장이 옳다고 싸워 댔습니다.

일본으로부터 해방된 지 얼마 되지 않아 슬프게도 조선은 다시 두 개의 정부로 나뉘었어요. 그것이 오늘날의 북한과 남한입니다. 1948년 남한 정부는 나라 이름을 '대한민국'이라 정하고, 이승만이 대통령이 되었어요.

우 박사는 새로 이사한 집의 텃밭에 서서 하늘을 바라보았습니다. 칭다오 목화 농장에 갈 때 본 조국의 산과 강, 하늘이 떠올랐어요. 가난한 시골 사람들, 서울역 광장의 불쌍한 거지들, 지저분하고 더러웠던 여관방 등이 우 박사의 머리를 스쳐 지나갔습니다. 하루빨리 돌아가 조국을 위해 일하고 싶건만, 오라는 사람도 없고 갈 수 있는 방법도 없었지요.

우 박사는 한숨을 크게 내쉬고는 집으로 발걸음을 돌렸어요. 그때 텃밭 건너로 장법사의 주인인 사토가 다가왔어요.

"안녕하시오, 우 박사님!"

사토는 무슨 좋은 일이 있는지 큰 목소리로 인사를 했습니다. 그러더니 다짜고짜 이야기를 시작했어요.

"우 박사님, 좋은 소식이 있습니다. 제가 아는 사람 중에 누마자키라는 분이 있는데, 그분이 우 박사께서 이곳에서 일 없이 세월을 보낸다는 이야기를 듣고 좋은 생각을 내놓으셨습니다."

"좋은 생각이라니요?"

"우 박사님에게 연구소를 지어 드리겠답니다. 연구소를 세울 땅이 문제이긴 한데…… 제가 땅을 내놓겠습니다."

"정말입니까? 세상에, 이렇게 고마울 수가……."

그러잖아도 시간만 낭비하고 있는 것이 안타깝던 참이었어요. 언제일지 모르지만 조국으로 돌아가기 전까지 연구를 계속할 수 있다니 참으로 다행이었지요. 우 박사는 무척 기뻤습니다.

그러나 이 계획은 곧 물거품이 되고 말았답니다. 연구소를 지어 주겠다던 누마자키의 사업이 갑자기 망해 버린 것입니다.

한편 우리나라는 1948년 대한민국 정부가 들어서게 되었어요. 해결해야 할 문제가 많았지만, 가장 시급한 문제 가운데 하나가 값싸고 품질 좋은 농산물을 만드는 것이었어요. 그때까지는 일본의 씨앗을 사용했으나 그것이 한국의 흙에는 잘 맞지 않을뿐더러, 가격도 터무니없이 비쌌기 때문이지요.

농민들은 정부가 서둘러 좋은 종자를 만들어 주기를 고대했어요. 날마다 먹는 배추, 무, 쌀과 같은 농작물을 나쁜 종자로 지으니 힘만 들 뿐 수확량도 적고 품질도 나빴거든요. 더구나 일본으로부터 종자를 수입하려면 어마어마한 돈을 일본에 주어야 했답니다.

이런 상태에서 우리 정부는 우 박사를 한국으로 모셔 오기로 했어요. 이 결정에는 당시 경상남도 농무부장이던 김종이라는 사람이 큰 역할을 했습니다.

그는 일본에서 대학을 나왔고, 우 박사가 다키이 종묘 회사의 농장장으로 있을 때 함께 일했으며, 우장춘을 도와 《육종과 원예》라는 학술 잡지를 만들기도 한 사람이었어요.

그렇다고 우 박사를 모셔 오자는 의견이 쉽게 모아진 것은 아닙니다. 어떤 사람은 우 박사의 아버지가 친일파이므로 안 된다고 반대했습니다. 그러나 많은 사람이 아버지가 친일파라고 해서 아들까지 친일파로 여기면 안 된다는 주장에 뜻을 같이했지요.

우 박사가 한국 사람이라는 이유로 일본에서 차별 대우를 받았는데, 조국에서도 그를 함부로 대하면 되겠느냐고 목소리를 높이는 사람도 있었어요.

게다가 우장춘의 학문적 업적이 세계적인 수준에 올라 있으며, 현재 한국 농산물의 종자를 개량할 수 있는 사람이 우 박사밖에 없다는 사실을 의심하는 사람은 아무도 없었지요.

어느 날, 텃밭에서 우울한 생각에 빠져 있던 우 박사에게 우체부 아저씨가 한 통의 편지를 전해 주었어요. 보낸 사람 주소를 보니 '대한민국'이라고 쓰여 있었어요.

편지를 뜯는 우 박사의 손이 파르르 떨렸습니다.

'조국이 나를 부른다! 조국이 나를 부른다!'

편지 내용을 읽어 본 우 박사는 속으로 크게 외쳤어요. 그리고 곧바로 아내에게 이 기쁜 소식을 전했지요. 우 박사의 아내 고하루 역시 크게 기뻐하며 축하해 주었어요. 그러나 잠시 뒤 고하루의 얼굴이 시무룩해지는 것이었어요.

"여보, 왜 얼굴색이 그렇소? 어디 아프오?"

"당신이 한국으로 가는 것은 좋은데, 그러면 우리 식구들은 어떻게 되는 거죠?"

듣고 보니 작은 문제가 아니었어요. 우 박사에게는 이미 여섯 명이나 되는 아이가 있었고, 아내를 포함한 여덟 식구가 모두 한국으로 간다는 것은 무리였기 때문입니다. 우 박사는 할 수 없이 일단 혼자 가기로 했습니다.

그러나 일본 정부는 우 박사가 한국으로 가는 것을 허락하지 않았어요. 우 박사가 한국 사람이 아니라 일본 사람이라는 것이 이유였지요. 그러나 속셈은 우 박사와 같은 훌륭한 학자를 한국에 빼앗기기 싫어서였답니다.

우장춘 박사는 한국으로 들어갈 방법을 궁리하기 시작했어요. 우선 자신이 한국 사람임을 증명하는 서류가 필요했어요. 우 박사는 한국에 연락을 해서 자신의 호적 등본을 몇 통 떼어 보내 달라고 했어요. 호적 등본이란 한 집안의 가족 관계를 기록한 서류입니다.

대한민국의 호적에는 우장춘이 아버지 우범선과 어머니 사카이 나카 사이에 큰아들로 태어났으며, 아버지의 국적을 따라 한국 사람이라는 사실이 분명하게 쓰여 있었어요.

우 박사는 호적 등본을 들고 오무라 수용소로 가서 자식들과 눈물로 이별의 인사를 나누었어요. 우는 아이들과 아내를 곧 데리러 오겠다며 달랬습니다.

오무라 수용소는 일본에 있는 외국인들 가운데 문제가 있는 사람들을 강제로 내쫓기 위해 만든 시설이었어요. 우 박사는 일본 정부가 자신의 출국을 방해하자 어쩔 수 없이 이런 방법을 사용했던 것입니다. 수용소로 들어가면 한국으로 나갈 수 있으리라 굳게 믿었던 것이지요.

입구에서 수용소 직원이 서류를 검사했습니다.

"아, 그 유명한 우 박사님이시군요."

"그렇습니다만……."

"그런데 왜 한국으로 가려 하십니까? 한국은 너무나 가난해서 살기 힘든 나라이고, 또 박사님은 일본 사람 아닌가요?"

우 박사는 한국에서 보내온 호적 등본을 꺼내 보여 주면서 말했습니다.

"보시는 것처럼 나는 한국 사람입니다. 그러므로 내 조국으로 돌아갈 당연한 권리가 있지요."

우 박사는 슬피 우는 아내를 겨우 달래고 수용소 안으로 들어갔어요. 고하루는 남편 모습이 보이지 않을 때까지 지켜보며 서 있었답니다.

그곳에서도 한 달여를 기다리다가 우 박사는 마침내 고국으로 향하는 배에 올랐습니다.

  우 박사가 부산항에 도착한 것은 1950년 3월 8일입니다. 갈매기들이 끼룩거리고, 푸른 바다 위로는 흰 구름이 둥실둥실 떠가고 있었지요.

우장춘의 발자취-우장춘 기념관

부산 동래구에 우장춘 박사의 업적을 기리는 우장춘 기념관이 있어요. 지난 1999년 우장춘 박사의 탄생 100주년을 맞아 지어진 것이에요.

시내가 아닌 한적한 주택가에 기념관이 세워진 것은 '자유천'이라는 샘 때문이에요. 우장춘 박사는 어머니의 조의금으로 원예 시험장의 물 부족을 해결하기 위한 우물을 팠다고 해요. 매일 우물 주위를 청소하고 물이 부족한 사람들에게 나눠 주던 우장춘 박사의 깊은 마음을 기리기 위해 자유천 앞에 기념관을 세우게 되었답니다.

우장춘 기념관 전경

전시관 1층에서는 우장춘 박사의 일대기를 만날 수 있어요. 소년·청년·장년 시절의 사진들이 걸려 있고, 일본에서 살던 시절과 한국 농업 과학 연구소 시절의 모습들도 한쪽에 전시되어 있어요. 생전에 사용하던 현미경과 연구 노트 등이 그대로 남아 있어서 우장춘 박사의 학문에 대한 열정이 생생하게 느껴지는 곳이에요.

2층 전시실에서는 원예 사업의 발전이 한눈에 들어와요. 초창기 우리나라 원예 사업과 우 박사의 주요 업적들이 잘 나타나 있지요.

한국 농업 과학 연구소 소장이 되다

우장춘 박사가 한국에 도착한 며칠 뒤 부산의 동래 원예고등학교 운동장에서 '우장춘 박사 환영회'가 열렸습니다. 많은 사람이 우 박사를 보려고 몰려들었지요.

우 박사는 자신을 뜨겁게 환영해 주는 사람들 앞으로 걸어 나갔습니다.

"여러분, 저를 이렇게 환영해 주시니 감사합니다. 저는 지금까지 어머니의 나라인 일본을 위해 일했습니다. 일본 사람들에게 뒤지지 않기 위해 최선을 다했습니다. 그러나 지금부터는 아버지의 나라이자, 여러분의 나라이고, 제 나라인 대한민국을 위해 목숨을 바쳐 일할 것입니다. 그리고 대한민국에 뼈를 묻을 것을 여러분 앞에 맹세합니다."

사람들은 우레와 같은 박수를 쳤어요. 주인을 따라 운동장에 온 강아지들은 무슨 일인지도 모르고 꼬리를 흔들어 댔고, 놀란 참새들은 후드득거리며 날아갔지요.

한국에 돌아온 지 두 달여가 지난 1950년 5월 10일, 우 박사는 부산 동래구에 있는 '한국 농업 과학 연구소' 소장으로 임명되었어요. 소장이 되자마자 우 박사는 기차를 타고 전국의 농촌을 두루 둘러보았습니다. 우선 한국의 농촌이 어떤 상태인지 잘 알아야 했으니까요.

여행에서 돌아온 우 박사는 연구소 직원들을 모아 놓고 다음과 같이 말했습니다.

"우리나라 농촌 곳곳을 돌아보았는데, 이대로 가다가는 우리 국민의 먹을거리인 무, 배추가 곧 바닥이 나고 말 것입니다. 어디를 가건 무밭, 배추밭에 노란 장다리꽃들이 피어 있으니, 애써 씨를 뿌려 봐야 얻는 것이 없을 것입니다. 우리는 먼저 우리나라 사람들에게 꼭 필요한 무와 배추의 종자를 만들어 내야 합니다. 좋은 종자를 개발해서 농민들에게 공급해야 농민들도 살고 우리나라도

살 것입니다."
 우 박사는 연구원들에게 육종학을 가르치는 한편, 무와 배추 등 채소의 좋은 품종을 개발하기 위해 실험을 계속했어요.

그러나 그로부터 불과 한 달여가 지난 1950년 6월 25일 한국전쟁이 일어났습니다. 해방된 조국으로 돌아오니 이번에는 같은 민족끼리 싸움이 일어난 것입니다.

연구소가 있던 부산은 아직 전쟁의 소용돌이에 휘말리지는 않았지만, 늘어나는 피란민들로 인해 잠잘 곳과 먹을 것이 부족해 아우성이었지요.

하지만 우 박사는 연구를 계속했어요. 아직 일에 서툰 직원들을 만나 이것저것 가르쳐 주고 용기를 북돋워 주기에 바빴습니다. 우수한 채소 종자를 만드는 일이 전쟁 때문에 늦추어져서는 안 되었기 때문입니다.

"세상에 고무신보다 편한 신발은 없다니까."

우 박사는 외모에 전혀 신경을 쓰지 않았어요. 농장 안에서도 항상 고무신을 신고 작업복 차림으로 돌아다녀서 누가 소장이고 누가 직원인지 구분이 안 될 지경이었지요. 그래서 누군가가 우 박사에게 '고무신 할아버지'라는 별명을 붙여 주었답니다.

어느 날 우 박사가 직원들과 함께 작업장에서 일을 하고 있을 때였어요. 어떤 사람이 우 박사를 찾아와 물었어요.

"우장춘 박사님을 만나러 왔는데, 지금 어디 계십니까?"

그는 우 박사가 바로 자기 앞에서 일을 하고 있는데도 알아보지 못했던 것입니다. 새카맣게 탄 얼굴, 흙 묻은 고무신에 허술한 작업복 차림의 우장춘이 설마 그 유명한 우 박사라고는 생각할 수 없었기 때문이지요.

"제가 우장춘입니다. 그런데 누구시죠?"

우 박사가 고개를 들고 그를 보며 물었어요. 그는 매우 당황하여 그 자리에서 무릎을 꿇었습니다.

"몰라 뵈어 죄송합니다, 우 박사님."

"죄송하기는 뭐가 죄송하다는 말이오. 처음 본 사람을 어떻게 알아보겠소?"

우 박사는 껄껄 웃으며 말했답니다.

한번은 우 박사가 연구소의 시험장을 둘러볼 때였어요. 여전히 '고무신 할아버지' 차림이었지요. 함께 수박밭을 둘러보던 제자가 말했습니다.

"박사님, 올해는 수박이 많이 열릴 것 같습니다. 아주 잘 자라고 있거든요."

"글쎄. 내일 아침에 해가 뜨기 전에 한 번 더 보고 내게 보고하게나."

제자는 우 박사의 지시대로 그 다음 날 해가 뜨기 전에 다시 수박밭을 둘러보았습니다. 수박 줄기는 겉으로 볼 때 아무 이상 없이 무럭무럭 잘 자라고 있는 것 같았어요.

"박사님, 결론은 마찬가지입니다. 다행히 수박 줄기가 모두 튼튼하게 잘 자라고 있습니다."

우 박사는 빙그레 웃으며 그를 수박밭으로 데려갔습니다.

"과연 그럴까? 자, 이쪽 줄기는 아마도 잘 자랄 것이네. 그러나 저쪽 것은 열매가 열려도 다 떨어져 버릴 걸세."

제자는 우 박사의 말을 듣고 다시 자세히 살펴보았어요. 하지만 그 차이를 도저히 알 수 없었어요. 겉으로 볼 때는 아무 이상이 없었으니까요. 잠시 뒤 우 박사가 친절하게 설명을 해 주었습니다.

"잘 보게. 수박 줄기가 어떻게 뻗어 있는가? 이쪽 것은 줄기가 하늘을 향해 15도 정도 기울어 뻗어 있지 않나? 이것은 열매가 잘 맺힐 것이야. 그러나 저쪽 것을 보게. 저것은 줄기가 45도 정도로 기울어져 있지. 저런 현상은 질소가 너무 많기 때문에 생기는 걸세. 그러니 어쩌다 열매가 생겨도 바로 떨어질 거란 말일세."

우 박사는 정확하고도 철저한 관찰을 늘 중요하게 생각했습니다. 제자들에게도 항상 그것을 가르쳤지요. 우 박사가 말을 이어

갔습니다.

"자네, '눈빛이 종이를 뚫는다' 는 이야기 들어 보았지? 책을 제대로 읽으려면 눈빛이 종이를 뚫을 정도로 집중해서 속뜻까지 읽어야 한다는 말일세. 그렇다면 식물을 관찰할 때는 어떻게 해야 하겠는가? 눈빛이 식물의 잎사귀를 뚫고 들어가 그 속을 들여다볼 수 있을 정도로 정확하고 깊이 관찰해야지. 무슨 뜻인지 알아듣겠는가?"

제자는 스승의 가르침에 그만 고개를 숙이고 말았답니다.

전쟁이 계속되는 중에도 우 박사는 이렇듯 연구에 몰두했어요. 무와 배추의 원종(품질이 매우 좋은 최초의 씨앗)을 개발하는 데 4~5년에서 어떤 것은 10년까지 걸리기 때문이었지요.

우 박사는 땅 좋고 물 좋은 곳이라면 그곳이 어디든 마다하지 않고 돌아다녔습니다. 농작물을 시험 재배할 수 있는 좋은 기후와 흙을 찾기 위해서였지요. 그렇게 해서 찾은 곳이 바로 진도, 대관령 그리고 제주도였어요.

진도는 전라남도에 있는 아름다운 섬으로, 겨울에도 춥지 않아 식물들이 겨울을 쉽게 날 수 있는 곳이었어요. 또한 식물들이 열매를 맺을 무렵에는 해가 길고 건조해 좋은 씨앗을 만들기에 더

없이 좋은 곳이었지요.

우 박사는 정부의 도움을 받아 그곳에 무와 배추 연구를 위한 시험 농장을 만들었어요.

대관령에는 감자의 원종을 개발하기 위한 시험장을 만들었답니다. 우 박사가 대관령의 시험장에서 개발한 감자는 병에 잘 걸리지 않는다는 뜻의 '무균종' 감자였어요.

일본에서 들여온 종자들이 우리나라 흙 속에서 바이러스에 감염돼 잘 자라지 않자, 병에 잘 걸리지 않는 새로운 감자 씨를 만들어 낸 것입니다.

제주도 서귀포에는 귤 시험장을 만들어 좋은 품종을 개발하고, 귤을 잘 기르는 방법을 농민들에게 가르쳤어요. 오늘날 제주도가 값싸고 맛있는 귤을 가장 많이 길러 내는 곳이 된 것도 실은 우장춘 박사의 이런 노력 덕분이랍니다.

그 밖에도 더 좋은 쌀 종자를 만들기 위해 연구하는 등 우 박사의 노력은 끝이 없었어요. 오늘날 우리가 날마다 먹는 배추와 무, 감자, 귤, 쌀 등이 수확량이 많은 우수한 품종으로 거듭나게 된 것은 모두 이러한 우 박사의 노력 덕분이지요.

우 박사는 품종을 개발할 때도 몇 단계를 세워 계획적으로 일했어요. 그래서 가장 훌륭한 원종이 나오기 전에도 좋은 품종이 나오면 일단 그것을 국민들의 먹을거리로 쓸 수 있도록 했답니다. 배추만 하더라도 가장 훌륭한 품종이 만들어질 때까지는 무려 10

년이나 걸렸기 때문입니다.
 우 박사가 연구와 실험을 거듭해 새로운 품종들을 만들어 가는 동안 계속되던 전쟁이 드디어 끝이 났어요. 그리고 얼마 뒤 일본

에 계신 어머니의 생명이 위태롭다는 전보가 날아왔습니다.

우 박사는 당장 달려가기 위해 출국 준비를 서둘렀지요. 그런데 정부에서 출국 허가를 내주지 않았어요. 우 박사는 절망했습니다. 언제 돌아가실지 모를 어머니를 뵙기 위해 일본에 다녀오겠다는 것을 정부에서 허락하지 않으니 너무나 속이 상했습니다.

우리 정부는 우 박사가 일본에 갔다가 돌아오지 않을까 봐 출국 허가를 해 주지 않았다고 해요. 우 박사를 일본에 빼앗길까 봐 두려웠던 것이지요.

결국 우 박사는 일본에 가지 못했고, 어머니는 1953년 8월 18일 세상을 떠나고 말았습니다.

어머니는 돌아가시기 전 이렇게 말했다고 합니다.

"내 아들이 훌륭하게 자라 아버지의 나라를 위해 몸 바쳐 일하니, 이제 죽어서 남편을 만나도 부끄럽지 않겠구나."

우 박사는 흐느껴 울었어요. 어렸을 때부터 "아버지의 나라에 가서 큰일을 하라"고 늘 말씀하시던 어머니가 몹시 그리웠기 때문입니다.

이런 슬픈 소식이 전국에 널리 퍼지자 많은 사람이 조의금을 보내왔어요. 우 박사는 자신을 향한 국민들의 존경과 사랑에 다시

한 번 눈물을 흘렸습니다. 그리고 국민들이 보내 준 돈으로 시험장 안에 큰 우물을 팠어요.

당시 시험장에는 지금과 같은 수도 시설이 없었어요. 물이 부족해 불편한 점이 한두 가지가 아니었지요. 우 박사는 그 우물 이름을 '자유천'이라 붙였어요. '어머니의 젖과 같이 목마름을 메워 줄 우물'이라는 뜻이에요. 이 우물은 지금도 부산시 동래구에 남아 있답니다.

한편, 한국 농업 과학 연구소는 규모가 점점 커졌어요. 1953년에는 중앙 원예 기술원으로, 1958년에는 원예 시험장으로 이름이 바뀌었지요. 우 박사는 연구소의 이름이 바뀌는 것과 관계없이 소장으로, 원장으로, 시험장 대표로 연구를 계속했습니다.

현재 원예 시험장은 경기도 수원에 있으며, 우장춘 박사의 뜻을 이어받아 새로운 품종 개발과 재배 방법을 연구하고 있답니다.

씨 없는 수박 이야기

많은 사람이 우장춘 하면 씨 없는 수박을 떠올립니다. 우장춘 박사가 세계 최초로 씨 없는 수박을 만들었다고 생각하는 것이지요. 그런데 이것은 잘못된 것입니다. 세계 최초로 씨 없는 수박을 만든 사람은 우장춘 박사가 아니라, 일본의 기하라 박사입니다. 기하라 박사는 우 박사가 다키이 농장에서 일할 때부터 서로 잘 알고 지내던 사람이지요.

우장춘 박사가 씨 없는 수박을 만들었다고 잘못 전해진 이유는 다음과 같습니다.

우리나라 농민들은 처음에 우장춘 박사가 훌륭한 채소 씨앗을 아무리 만들어 내도 잘 믿지 않았어요. 그때까지만 해도 우리나라에 그렇게 좋은 품질의 씨앗이 전혀 없었기 때문이지요. 사람들은 일본에서 몰래 들여온 씨앗이 더 좋은 줄 알고 그것을 구해 농사를 짓기에 바빴답니다.

우 박사는 이를 매우 안타까이 여겼어요. 아무래도 육종학이 얼마나 중요한지, 그것으로 어떤 큰일을 할 수 있는지 보여 줄 필요가 있다고 생각했어요.

1953년 사람들이 수박을 많이 먹는 여름이었어요. 우 박사는 기하라 박사의 이론을 이용해 씨 없는 수박을 만들어 직원들 앞에 내놓았지요.

우 박사가 빙그레 웃으며 크고 싱싱한 수박을 잘랐습니다. 직원들 모두 깜짝 놀랐어요. 수박 안에 씨앗이 하나도 없었으니까요.

직원들이 신기해하는 것을 보고 우 박사가 말했습니다.

"여러분, 이것이 바로 육종학이 하는 일입니다. 우리는 씨 없는 수박보다 더 품질이 좋은 쌀, 배추, 감자, 귤의 종자를 만들어 국민들의 먹을거리를 서둘러 해결해야만 합니다."

직원들은 고개를 끄덕이며 씨 없는 수박을 함께 먹기 시작했습니다. 그때 우 박사가 난데없이 이렇게 말하는 것이었어요.

"그런데 수박은 아무래도 씨앗을 퉤퉤 뱉어 가면서 먹어야 제맛 아닌가요?"

직원들 모두 큰 소리로 웃었지요.

그리고 얼마 뒤인 1955년 7월 30일, 대구의 '영남일보'에 큰 광고가 났습니다. 경상북도 산업국에서 우장춘 박사가 만들어 낸 우수한 채소 종자를 농민들에게 소개하기 위해서였지요.

산업국은 농민들의 호기심을 이끌기 위해 신문에 다음과 같은 글을 실었습니다.

'육종계의 세계적 권위자인 우장춘 박사를 환영하고 과학 농업의 발전상을 널리 소개하고자 씨 없는 수박 시식회를 개최하오니 많은 참석 바랍니다.'

시식회에 참석한 농민들은 우 박사가 만든 씨 없는 수박을 먹어 보았다고 여기저기에 자랑을 하고 다녔습니다. 그 뒤로 우 박사가 세계 최초로 씨 없는 수박을 만들었다는 과장된 소문이 온 나라에 퍼지기 시작했지요. 오늘날 사람들이 우장춘 하면 씨 없는 수박을 떠올리는 것은 바로 이런 이유에서입니다.

우 박사는 거짓말을 누구보다도 싫어한 사람입니다. 또 수박은 오히려 씨를 뱉어 내며 먹어야 맛있다고 농담까지 했지요. 그러니 여러분은 거짓이 아닌 정확한 사실을 알아야겠습니다. 씨 없는 수박은 기하라 박사가 처음으로 만들어 냈고, 우장춘 박사는 다만 기하라 박사의 이론을 이용해 그것을 우리나라에서 처음으로 길러 본 사람입니다.

사실 우 박사가 한 일은 씨 없는 수박을 만든 것보다 훨씬 위대한 일이었어요. 박사 학위 논문인 〈종의 합성〉으로 세계 식물학계에 큰 영향을 끼쳤을 뿐만 아니라 겹꽃 피튜니아를 만들어 냈고, 조국에 돌아와서는 쌀, 무, 배추, 귤, 감자 등의 종자를 개발해 국민들의 밥상을 풍성하게 만들었지요.

우장춘 박사가 없었다면 지금 우리는 맛있는 밥, 좋은 품질의 김치 등을 먹지 못할 테고, 일본이나 다른 나라로부터 종자를 사들이느라 엄청난 돈을 낭비해야 할 것입니다.

 씨 없는 수박을 먹어 봤나요?

　씨 없는 수박을 처음 만든 사람은 우장춘 박사가 아니에요. 일본 사람인 기하라 박사가 1947년에 개발했답니다. 우장춘 박사가 씨 없는 수박을 국내에서 재배한 것은 농업에도 과학이 필요하다는 것을 보여 주기 위해서였어요. 좋은 품종들을 농민들에게 나누어 주었지만 농민들은 원래의 방식을 고수하고 있었지요. 그래서 사람들의 관심을 불러일으키기 위해 시도한 것이 바로 씨 없는 수박 재배였어요. 씨 없는 수박이 큰 이슈가 되자 사람들은 그가 주장하는 과학적인 방법에도 조금씩 관심을 가지기 시작했어요.

　달고 시원한 수박에 씨가 없다면 훨씬 더 먹기 좋겠죠? 그런데 획기적인 아이디어였음에도 불구하고 씨 없는 수박은 사람들에게 좋은 반응을 얻지 못했어요. 씨 없는 수박은 말 그대로 씨가 없기 때문에 쉽게 만들어 낼 수 없었거든요. 씨를 심어서 만들어 내는 그냥 수박과는 달라서 매번 수박을 만들기 위해 접을 붙여야 하고, 그래서 재배하는 데 돈이 많이 들었어요. 또 사람들은 수박에 씨가 없는 것을 서운하게 생각하기도 했답니다.

　최근에 씨 없는 수박을 만드는 또 다른 방법이 개발되었어요. 전라북도 농업 기술원에서 2003년에 X선을 쬐어 씨 없는 수박을 만드는 데 성공했어요. 또 진천에서는 씨 없는 수박을 브랜드화했어요. 새로 개발된 씨 없는 수박은 맛과 향이 뛰어나다고 하네요.

우장춘, 세상을 뜨다

　1959년 6월 9일, 우장춘 박사는 서울에 있는 메디컬 센터에 입원을 하게 됐어요. 메디컬 센터는 오늘날의 국립 의료원입니다. 언제부터인가 가끔 소화가 되지 않아 고생을 해 온 우 박사의 건강이 더욱 악화되었기 때문이었지요. 병명은 위와 십이지장의 궤양이었어요.

　입원한 지 20일이 지난 6월 29일, 우장춘 박사는 1차 수술을 받았습니다. 걱정하는 간호사들에게 우 박사가 말했어요.

　"나는 살 만큼 산 사람입니다. 지금 죽어도 아무런 여한이 없습니다. 그러니 너무 걱정하지 마십시오."

다행히 1차 수술은 잘 끝났어요. 그러나 이상하게도 수술 자국이 잘 아물지 않았어요. 그래서 2차, 3차 수술을 해야 했습니다. 병세는 약간 회복되는 듯하다 더욱 나빠져 갔답니다.

어느 날, 우 박사의 지시에 따라 벼의 품종 개발을 하고 있던 한 제자가 우 박사를 위로하기 위해 찾아왔습니다. 제자는 알아보기 힘들 정도로 마른 스승의 얼굴을 보고는 가슴이 아파 말이 잘 나오지 않았어요.

우 박사가 먼저 입을 열었지요.

"벼는 어떻게 잘 되어 가는가? 벼를 가져왔겠지?"

제자는 당황했습니다. 스승이 실험 중인 벼를 보고 싶어 할 거라고는 생각지도 못했기 때문입니다.

"가져오지 않았는가?"

우 박사가 낮고 엄한 목소리로 되물었어요. 제자는 얼른 부산에 있는 연구소로 가서 벼를 가져올까 생각했습니다. 그러나 그러기에는 시간이 너무 없었어요.

결국 부산으로 연락하여 다른 제자가 실험 중이던 벼를 가지고 왔지요. 우 박사가 개발 중이던 벼인데, 한 번 심어서 두 번 걷을 수 있는 품종이었어요.

우 박사는 귀한 물건을 다루듯 벼를 쓰다듬으며 말했습니다.

"음…… 훌륭하게 자랐군. 잘 보이는 곳에 두게."

제자는 스승이 잘 볼 수 있도록 투명한 비닐봉지에 그것을 넣어 링거를 거는 곳에 매달아 놓았어요.

병세가 더욱 심해지자 제자들은 일본에 있는 우 박사의 아내 고하루에게 급히 연락을 했습니다.

고하루는 서둘러 병원으로 달려왔어요. 1959년 7월 21일이었지요. 둘은 말없이 서로를 쳐다보았어요. 고하루는 너무 마음이 아파 눈물도 나오지 않았습니다.

"여보, 애들도 이제 많이 컸겠지요? 이런 모습을 보여 미안하구려. 이제 곧 당신을 한국에 데려오려 했는데……. 너무 걱정 마시오. 병도 곧 나을 게요. 그러면 이제 다시는 헤어지지 말고 함께 삽시다."

고하루는 남편의 삶이 얼마 남지 않았다는 사실을 알고 있었어요. 그러나 남편에게 힘을 불어넣어 주기 위해 터져 나오는 울음을 참고 말했습니다.

"그럼요. 곧 좋아질 거예요. 당신이 어서 나아야 온 가족이 한국에 들어와 함께 살죠. 당신이 회복되기만 기다리겠어요."

그러나 우 박사의 병은 점점 더 악화되어 갔어요. 여름도 더욱 깊어 갔습니다.

정부는 우 박사의 업적을 높이 평가하여 그에게 훈장을 주기로 결정했습니다. 1959년 8월 7일, '대한민국 문화 포장'을 들고 농림부 장관이 병원을 찾아왔어요.

이 훈장은 우리나라 최고의 훈장으로, 우 박사는 역사상 두 번째로 이 상을 받았답니다. 첫 번째 수상자는 '애국가'를 지은 안익태 선생입니다.

훈장을 받은 우 박사의 눈자위가 붉게 물들었어요. 병색이 짙은 뺨 위로 굵은 눈물방울이 주르르 흘러내렸습니다. 우 박사가 말했어요.

"저는 이제 더 이상 아무 미련이 없습니다. 조국이 저를 인정했으니까요."

그로부터 사흘 뒤인 8월 10일 새벽, 우 박사는 아내 고하루와 의사, 간호사들이 지켜보는 가운데 세상을 떠났습니다.

여러 신문이 우장춘 박사의 죽음을 널리 알렸고, 전국의 국민들이 그의 죽음을 슬퍼했습니다.

9년 전 한국으로 돌아와 동래의 원예고등학교에서 그를 환영하던 사람들에게 한 약속대로, 우장춘 박사는 마침내 조국 대한민국에 뼈를 묻었습니다.

우방춘 박사는 지금 서울대학교 농과대학, 농촌진흥청 그리고 멀리 수원성이 내려다보이는 여기산 자락에 잠들어 있답니다.

열린 주제

3·1 만세 운동

한일합방으로 나라를 빼앗은 일본은 이에 반대하는 의병들을 무자비하게 죽이고 땅을 빼앗았으며, 조선의 언어와 전통, 문화를 말살하기 위해 온갖 만행을 저질렀습니다.

이에 조선 사람들은 1919년 3월 1일 민족을 대표하는 33인이 서울 인사동의 태화관에서 독립 선언문을 낭독하는 것을 시작으로, 전국에 걸친 만세 운동을 벌였지요. 수많은 학생과 시민, 농민이 태극기

3·1절 기념 시민 축제에 참석한 학생과 시민이 태극기를 흔들며 당시 만세 운동을 재현하고 있다.

를 손에 들고 거리로 쏟아져 나와 목이 터져라 '대한 독립 만세'를 외쳤습니다.

3·1 만세 운동은 폭력을 사용하지 않은 평화적 시위였으나, 일본은 경찰과 군인을 동원하여 이를 무자비하게 억눌렀습니다. 수많은 사람이 일본 경찰과 군대의 총칼에 죽어 갔고 감옥에 갇혔습니다. 하지만 아무리 악랄한 일본 경찰들이라도 죽음을 두려워하지 않고 '대한 독립 만세'를 외치는 조선 사람들을 막을 수는 없었답니다.

3·1 만세 운동 뒤 일본은 그전처럼 조선 사람들을 함부로 대할 수 없었으며, 좀 더 부드러운 방식으로 조선을 통치했습니다.

3·1 만세 운동은 우리나라처럼 식민지로 있던 중국, 인도, 이집트, 터키 등 다른 여러 민족의 독립 운동에 큰 영향을 끼친, 대한민국의 자랑스러운 만세 운동이었답니다.

한일합방

'합방'이란 두 나라를 하나로 합친다는 뜻입니다. 한일합방은 1910년 8월 29일 우리나라가 일본에 강제로 합쳐진 사건을 말합니다. 말이 합방이지 사실은 일본에 우리나라를 빼앗긴 날이지요.

이 사건이 일어난 해가 한자로 경술년이기에 이 사건이 일어난 날을 '경술 국치일'이라고 부릅니다. '국치일'이란 '나라가 큰 수치를 당한 날'이라는 뜻이지요.

한일합방의 한국 측 책임자는 이완용이었어요. 우리가 이완용을 매국노(나라를 팔아먹은 나쁜 사람)라고 부르는 이유가 바로 여기에 있습니다.

한일합방의 주역으로 매국노라 불리는 이완용.

한일합방은 모두 8개의 조약(두 나라 사이의 약속)으로 이루어져 있었는데, 제1조는 '한국 황제 폐하는 한국에 관한 모든 통치권을 완전 또는 영구히 일본 황제 폐하에게 양여한다'고 되어 있습니다. 즉 우리나라에 대한 모든 통치권(지배권)을 일본의 황제에게 넘긴다는 뜻이지요.

이로써 한국은 일본의 식민지가 되었어요. 1945년 한국이 일본으로부터 독립을 하고, 1948년 대한민국 정부가 수립되고 나서야 우리나라의 역사가 다시 시작된 것이지요.

인물 돋보기

우장춘의 아버지, 우범선

많은 인물 이야기에서 우장춘의 아버지 우범선에 대해 '망명 정객 우범선'이라는 표현을 사용합니다. '망명 정객'이란 '정치적인 이유로 자기 나라를 떠나 다른 나라에서 사는 사람'을 뜻하지요.

우범선은 군인으로, 구한말 조선군이던 별기군의 훈련 대장이었어요. 그러나 불행히도 1895년 일본 사람들이 주도한 명성황후 시해 사건(이해가 을미년이라서 을미사변이라 불림)에 깊이 연루되어 자신의 나라인 조선에서 더 이상 살 수가 없었어요. 그리하여 일본으로 망명을 떠났고, 1903년 조선에서 온 고영근이라는 사람에게 죽임을 당했습니다.

창씨개명-이름을 바꾸라고요?

자신의 이름을 곰곰이 생각해 본 적이 있나요? 만약 일제 강점기에 태어났다면 여러분은 지금의 이름 대신 부르기 힘든 일본식 이름을 갖게 되었을 거예요. 이렇게 이름을 일본식으로 바꾸는 것을 '창씨개명'이라고 해요. 우리 고유의 성씨와 이름에 담긴 민족 정신을 빼앗으려는 일본 통치 정책 중의 하나였답니다.

1940년 민사령이 시행되었어요. 조선 민사령의 요지는 '조선인의 성명제를 폐지하고 씨명의 칭호를 사용한다'는 것이었어요. 이것은 지금까지 불러 왔던 이름을 버리고 일본 사람과 같은 이름을 만들라는 뜻이에요. 김창식 같은 이름 대신 다나카나 나카무라 같은 이름으로 바꾸어야 했지요.

그러나 우리나라 사람들이 이름을 쉽게 바꿀 리 없었어요. 오랜 세월 내려온

조상들의 소중한 이름을 하루아침에 바꾼다는 것은 아무리 생각해도 옳지 않은 일이었기 때문이지요. 일본은 우리의 이름을 빼앗으면 일본과 하나가 될 수 있을 거라고 생각했기 때문에 창씨개명을 계속 재촉했어요.

처음에는 창씨개명을 권유했지만 나중에는 창씨개명을 하지 않으면 학교에 들어갈 수도 없었어요. 또한 총독부의 기관에도 취업할 수 없는 등 많은 불이익을 받게 되었지요. 결국 강제로 이름을 바꾼 사람이 많아졌어요. 많은 사람이 자신의 의지와는 상관없이 억지로 일본식 이름을 사용하게 된 거예요.

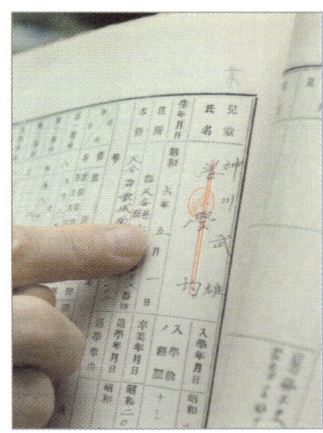

한자 이름을 붉은색의 두 줄로 지우고 일본식 이름으로 표기한 천안 초등학교의 학적부.

끝까지 이름을 바꾸지 않았던 조선어학회 사람들은 많은 고통을 겪어야 했어요. 일본 경찰은 창씨개명을 거부한 조선어학회 사람들을 악질적인 인물로 몰아 가며 심하게 고문하기도 했답니다. 반대로 친일에 앞장섰던 친일파들은 창씨개명에도 앞장섰어요. 이광수는 일본의 창씨개명을 지지하는 '창씨의 동기'라는 글을 남기기까지 했답니다.

결국 광복이 되고 나서야 우리 본래의 이름을 되찾을 수 있었어요. 우리의 이름은 민족의 얼이 담긴 소중한 것이랍니다.

연대표

우장춘의 생애	우리나라와 세계의 동향
	1894 청일전쟁이 일어남.
	1895 을미사변이 일어남. 일본 사람들이 명성황후를 시해함. 일제에 의해 단발령이 내려지고, 항일 의병 운동이 전개됨.
	1896 '독립협회'가 창립되고 '독립신문'이 창간됨.
	1897 대한 제국이 성립됨.
1898 한국인 아버지 우범선과 일본인 어머니 사카이 나카의 첫째 아들로 태어남.	
	1904 러일 전쟁이 일어남.
	1905 을사늑약이 체결됨.
	1909 안중근이 이토 히로부미를 암살함.
	1910 한일합방으로 인해 나라를 일본에 빼앗김.
	1913 안창호가 흥사단을 조직함.
	1914 제1차 세계 대전이 일어남.
	1915 대한 광복회가 조직됨.

씨앗은 우주다
우장춘

우장춘의 생애	우리나라와 세계의 동향
1916 일본 히로시마의 구레 중학교를 졸업하고, 일본 도쿄 제국 대학 농학실과에 입학함.	
	1917 러시아에서 사회주의 혁명이 일어남.
1919 일본 도쿄 제국 대학 농학실과를 졸업하고, 일본 농림성 농사 시험장 기수로 취직함.	**1919** 일본에서 유학생들이 2·8 독립 선언을 함. 3·1 만세 운동이 일어남. 대한민국 임시 정부가 수립됨.
	1920 유관순 열사가 감옥에서 죽음.
	1923 관동 대지진이 일어나 일본에서 수많은 조선 사람이 학살당함.
	1926 6·10 만세 운동이 일어남.
	1929 광주 학생 운동이 일어남. 미국을 중심으로 세계 대공황이 일어남.
	1932 이봉창, 윤봉길 의거가 일어남.
	1933 히틀러가 독일의 수상으로 취임함.

연대표 **141**

우장춘의 생애	우리나라와 세계의 동향
1936 일본 도쿄 제국 대학에서 〈종의 합성〉으로 박사 학위를 받음. **1937** 일본 농림성 농사 시험장을 그만두고, 일본 다키이 종묘 회사의 연구 농장 농장장이 됨.	**1936** 손기정이 베를린 올림픽 마라톤 경기에서 우승함. **1937** 중일 전쟁이 일어남.
	1939 제2차 세계 대전이 일어남. **1940** 대한민국 임시 정부가 광복군을 창설함. **1941** 태평양 전쟁이 일어남.
1945 일본 다키이 종묘 회사의 연구 농장 농장장 직을 그만둠.	**1945** 일제로부터 해방됨. 국제 연합(UN)이 발족됨. **1946** 북조선 임시 인민 위원회가 발족됨. 38선 이북이 통행 금지됨. **1947** 분할 통치를 위한 제2차 미소 공동 위원회가 개최됨. **1948** 대한민국 정부, 북한(조선 민주주의 인민 공화국) 정부가 수립됨. **1949** 중화 인민 공화국이 수립됨.
1950 한국에 돌아와 한국 농업 과학 연구소 소장이 됨.	**1950** 한국전쟁이 시작됨.

우장춘의 생애	우리나라와 세계의 동향
1953 중앙 원예 기술원 원장이 됨. *1954* 학술원 회원이 됨. *1957* 부산시 문화상(과학 부문)을 받음. *1958* 농사원 원예 시험장 장이 됨. *1959* 대한민국 문화 포장을 받음. 　　　세상을 뜸.	*1953* 한국전쟁 휴전 협정에 조인함. *1960* 이승만 정부가 3·15 부정 선거를 저지르고, 이에 대한 반발로 4·19 혁명이 일어남.

연대표 143